JN410991

우리를 가르치는 시간

우리를 가르치는 시간

1판 1쇄 발행 2013년 4월 1일

지은이 J. 페페

펴낸이 이임광

펴낸곳 공감의기쁨
전화 02)333-8276
팩스 02)323-8273
등록 2011년 7월 20일 제 313-2011-204호
주소 서울시 마포구 성산동 261-38번지 베아트리스 101호
e-mail goodbook2011@naver.com

ISBN 978-89-97758-59-3 (03810)

우리를 가르치는 시간

J. 페페

팝콘처럼 삶을 터뜨려라

"영화가 세상을 바꿀 수 있나요?"

남학생의 질문에 사람들은 비웃었다. 한낱 오락거리가 어떻게 세상을 바꿀 수 있단 말인가. 적어도 영화는 혁명가의 무기가 되어선 안 된다.

영화를 보았다고 해서 영화처럼 살 수도 없다. 그러기엔 우리 삶은 너무 바쁘고 고달프다.

바로 그때 일본 홋가이도 조선학교 아이들의 일상을 다룬 〈우리 학교〉를 연출한 김명준 감독이 답했다.

"영화가 세상을 바꾸진 못합니다. 영화를 본 사람들이 세상을 바꿀 것입니다."

뒤통수를 맞은 기분이었다.

영화를 보고 감동을 받고, 삶을 어떻게 살아갈 것인지 고민하게 되고, 그 고민이 행동으로 이어지고, 또 다른 누군가에게 영향을 주겠지.

그렇게 하나둘 마음과 행동이 변하게 되면 세상은 좀 더 좋은 쪽으로 변화하겠지.

삶이 녹록지 않을 때면 극장에 가라.

너와 나를 알아볼 수 없는 어둠 가운데 다른 삶을 엿볼 수 있다.

영화가 끝난 후 집으로 돌아오는 길에 주인공들의 삶을 상상해 보라.

비극적인 삶, 화려한 삶, 성공한 삶, 좌절된 삶, 사랑하는 연인들의 삶, 헤어진 연인들의 삶, 예술가의 삶, 전장에서의 삶…….

그 가운데 바로 우리 삶이 있다.

누군가의 비극에 마음이 아팠다면 이미 그 삶을 경험한 것이다.

우리는 타인의 삶을 통해 함께 아파하고, 울고, 웃고, 긴장하고,

기뻐하며 자신의 삶을 재정립할 수 있다.

스트레스가 쌓이고 우울할 땐 극장에 가라.

혼자라도 괜찮다. 상황이 여의치 않다면 방 안의 창문을 모두 닫고 커튼을 쳐라.

그리고 (합법적으로 다운받은) 영화를 보라.

어떤 영화는 당신에게 더욱 스트레스를 줄 것이고, 어떤 영화는 당신의 스트레스를 말끔히 풀어줄 것이다.

타인의 삶을 엿볼 수 있다는 것.

그것은 당신이 살아낸 삶을 정리하고 살아낼 삶을 앞서 체험하게 할 것이다.

어제의 상처를 어루만지고 내일의 불안함을 덜어줄 것이다.

시간이 흐르면 김 감독의 말을 잊을지도 모른다.

하지만 언젠가 나는 그 말을 기억해낼 것이다.

즐거운 상상에 빠지게 해준 김 감독을 만난 그해 봄, 나는 더 많은 사람과 그 기쁨을 공감하기 위해 이 책에 담긴 원고를 쓰기 시작했다.

이 책 속의 이야기가 나의 삶을 바꾼 것처럼 누군가의 삶에 기분 좋은 변화를 주고, 그런 변화의 기쁨을 다른 누군가에게 전해 준다면 나는 행복할 것이다. 일정 온도에 도달하면 톡-톡-톡-톡- 연쇄적으로 터져 풍성해지는 팝콘처럼.

2012년 7월

J. 페페

차례

팝콘처럼 삶을 터뜨려라 _4

01 손이 할 수 있는 위대한 일

위안의 손 _14
사랑의 손 _16
치유의 손 _20
화해의 손 _22
인연의 손 _24
순수의 손 _26
용기의 손 _28
여유의 손 _30
행복의 손 _32
기억의 손 _34

02 삶이 버거운 날

추억을 간직하는 법 _38
정말 소중한 건 낯익은 일상이다 _44
아버지의 뒷모습이 알려준 것 _50
아버지의 행운은 아버지가 된 일이다 _54
내게 용기를 주는 사람 _58
믿음이 만드는 용기 _64
때론 사랑하는 사람을 보내주어야 한다 _68
내가 사랑하는 사람, 나를 사랑하는 사람 _74
사랑은 같은 눈높이에서 시작된다 _82
사랑의 열두 가지 조건 _86
인어공주가 가르쳐준 것 _96
비극을 담보로 하는 사랑이 있다 _106
농도 짙은 사랑은 핏자국을 남긴다 _110
꼬마 뱀파이어가 사랑에 빠지면 _112
영원한 열여섯의 비극 _114

03 길들인다는 것

당신의 취향은 안녕하십니까 _120
친구가 되는 법 _126
아름다운 관계 맺기 _132

때론 풍경처럼 그 자리에 머물러라 _136
누군가 어디에서 당신을 기다린다 _142
운명이 아니라 우연일 뿐이다 _146
잃어버린 나를 찾아서 _150

04 영혼을 위로하는 한마디, 괜찮아!

잠시라도 곁에 있어주어서 행복했어 _160
스무 살! 절망해도 좋아. 곧 일어날 테니! _164
어머니의 이름으로, 너는 괜찮아질 거야 _166
80분이 우리 인생의 전부라 해도 마음으로 보면 된다 _168
헤어질 때 안녕이라고 말하지 않아도 괜찮아! _172
아직은 견딜 만해 _176
조금씩 천천히 네가 원하는 모습으로 살 수 있다면 _178
당신의 삶을 조금만 나눠가질게요 _180
오늘 하루를 산다 해도 그건 기적인 걸 _184

05 물음표가 느낌표로 바뀌는 순간

삶은 물음표다 _188
유년의 추억에서 삶의 에너지 구하기 _192
고독한 사람도 사랑을 한다 _194
고통마저 사랑한다면 _196

그대, 무엇을 위해 싸우는가 _200
어디에서 그를 찾을까 _202
우리가 하나였던 순간 _206
인간은 섬이 아니다 _208
Life is yours! _210
후회하지 않는 삶은 없다 _212
그럼에도 우리는 고통을 원하지 않는다 _216
내년엔 뭐 할 거야? _222
춤추듯 살아라 _226

06 우리를 가르치는 시간
되돌리려 말고 배우라 _232
잃어버린 기억 찾기 _236
회전하는 시간 _240
현재로의 귀환 _244
삶을 사랑하기 위한 시간 _248
나를 변화시키는 시간 _252

손이 할 수 있는 위대한 일

손이란 참 좋은 것이다. 주는 사람에게 너무 많은 책임을 지우지 않으면서도 받는 사람에게 큰 위안을 주니 말이다. _안나 가발다

위안의 손

위안을 주는 일은
아주 **작은 동작**에서
시작된다.

누들을 본 후
Noodle

불법체류자로 추방당한 엄마를 둔 여섯 살 꼬마 누들이 스튜어디스 미리의 손을 잡았다. 그 작은 손은 전쟁과 비행기 추락으로 두 번이나 남편을 잃은 미리의 슬픔과 상처를 보듬었다.

누들과 미리는 서로의 말을 알아들을 수 없으므로 대화를 할 수는 없다. 하지만 그들은 눈빛과 몸짓만으로도 소통할 수 있다.

누들의 작은 손이 미리의 손을 잡았을 때 그것이 미리에게 얼마나 큰 위안이 되었을까. 위안을 주고 위로하고 마음을 평안하게 하는 일은 아주 작은 동작에서 시작된다.

사랑의 손

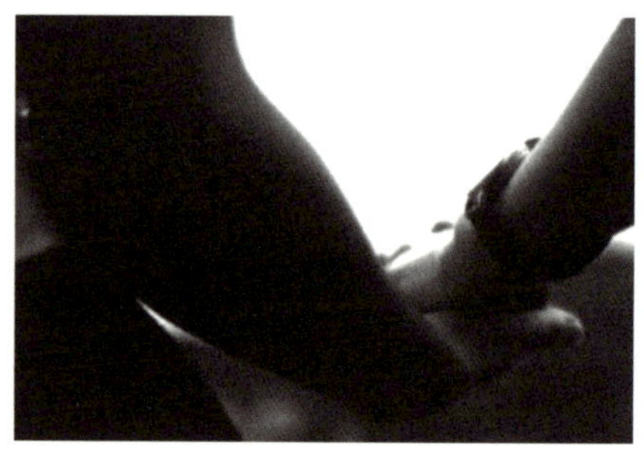

사랑을 간직하는 법은
간단하다.
심장박동 소리까지
잊지 않으려
노력하면 된다.

먀오 먀오를 본 후
Miao Miao

대만에 교환학생으로 간 먀오 먀오가 할머니의 첫사랑을 찾아 다니다 자신도 모르는 사이 한 남자를 좋아하게 되었다. 그리고 그 설렘 가운데 여고생들의 우정과 사소한 갈등이 있다.

먀오 먀오는 대만을 떠나기 전에 이런 생각을 했다.

'비밀 한 가지 알려줄게. 사랑에 빠진다는 게 뭔지 알게 됐어. 할머니가 첫사랑을 만났던 곳에서. 그 케이크 가게, 지금은 중고 음반 가게야. 거기서 알게 됐어. 왜 어떤 것들은 절대 잊히지 않는지. 맛이라든지 소리라든지 단어나 풍경… 그 모든 게 지금은 과거에 있어. 그것들 모두 기억 속에 남겨져 있어. 어느 날 내가 모든 걸 잃는다고 해도 대만에 머물렀던 기억을 계속 기억하고 있을 거야.'

소녀에게 사랑이란 계속 기억하는 일이다. 언제까지나 우리가 소녀로 머물 수는 없지만 그때의 아련한 떨림을 기억하는 한 마음만은 그 자리에 머물 수 있다. 때문에 소녀였을 때 우리는 그때의 일을 기억하겠노라 다짐한다.

소녀였을 때의 사랑을 간직하는 방법은 간단하다. 처음 그의 손을 잡았을 때의 두근거림과 따뜻함, 마음을 들킬까 봐 조마조마했던 심장박동 소리까지 잊지 않으려고 부단히 노력하는 것이다.

먀오 먀오가 탄 비행기를 향해 한 소녀가 눈물 흘리며 소리쳤다.

"네가 만들어준 빵, 그리울 거야. 따뜻했던 네 손도. 먀오 먀오, 정말 좋아해. 근데 넌 알지도 못하고……."

먀오 먀오도 언젠가는 알게 될 것이다. 친구가 자신을 얼마나 좋아했는지. 달콤하고 슬픈 사랑과 함께 따뜻한 우정도 경험하게 해주었다는 것을. 소녀의 여린 감성은 자신이 좋아하는 만큼 상대가 알아주지 않을 것이라는 불안을 담고 있다.

시간이 지나야 알게 된다. 그녀가 그리워하고 기억하는 만큼 아니, 어쩌면 그 이상으로 먀오 먀오는 그녀와 마주잡은 손과 따뜻함을 언제까지나 기억할 것이다.

첫사랑의 슬픈 여운과 함께.

치유의 손

인생은
우리가 의도한 대로
흘러가지 않지만
이따금
의도한 것보다
더 큰 선물을 준다.

조용한 혼돈을 본 후
Caos Calmo

아내가 갑자기 심장마비로 죽자 딸이 걱정된 피에트로는 학교 앞에서 딸을 기다리며 상실의 일상을 견디고 있었다.

매일 학교 앞을 지나는 사람들이 언제나 그 자리에 있는 피에트로를 통해 치유받고 삶을 견뎌낸다는 놀라운 반전은 인생이 우리가 의도한 대로 흘러가지 않는다는 것과, 이따금 우리가 의도한 것보다 더 큰 선물을 준다는 것을 보여준다.

피에트로의 딸이 언제나 그 자리에 머물러주는 아빠의 존재에 안심했던 것처럼 그와 아무런 관계가 없는 타인들도 그러했다.

계절이 바뀌어 흰 눈이 소복이 쌓인 날, "이제는 사무실로 돌아가야 한다고 그럴 줄 알았어. 그 말을 안 해서 기뻤어"라고 고백하는 딸의 얼굴을 따뜻하게 쓰다듬는 피에트로의 손.

상실은 나약한 인간인 우리로서는 쉽게 극복할 수 없는 고통이지만 그러한 이유 때문에 그때의 힘든 시간은 값지다.

아버지와 딸이 태어나 처음으로 온전히 소통하는 남겨진 시간이 있기 때문에.

화해의 손

서로를 **안을 수 있는 손**이
있다는 것은
참으로 다행이다.

지금, 이대로가 좋아요를 본 후
Sisters On The Road

외모와 성격이 다르고 아버지가 다르다는 이유로 서로를 용납하지 못했던 자매, 명주와 명은은 함께한 여행에서 다투고 화내다 사고까지 당한다.

치고 박고 싸워야 화해한다는 공식처럼 다툼 후에 명주와 명은은 서서히 서로를 이해한다. 명은만 몰랐던 비밀, 사랑하는 사람이 바로 곁에 있었다는 사실에 아픔과 후회의 눈물을 흘리는 명은을 명주가 따뜻하게 쓰다듬는다.

두 가지 마음이 동시에 교차한다.

'정말 지금 이대로가 좋을까?'라는 의구심과 '그래도 지금 이대로가 좋아'라는 이율배반적인 마음.

자매가 서로를 감싸 안은 손은 따뜻했지만 아픔을 담고 있다.

그럼에도 서로를 안을 수 있는 손이 있다는 것은 참으로 다행이다.

인연의 손

마지막까지
그 손을 **놓지 않는**
아름다운 약속.

사랑 후에 남겨진 것들을 본 후
Kirschblüten - Hanami

남편이 곧 죽는다는 사실을 아는 아내가 여행을 제안하고 그 여행에서 공교롭게도 남편이 아닌 아내가 먼저 세상을 떠난다. 아마도 그녀는 남편이 죽기 전에 먼저 세상을 떠나고 싶었던 모양이다. 너무 사랑하기 때문에.

그들 노부부가 바닷가에서 산책을 한다. 이것이 마지막임을 아는 아내와 그 사실을 전혀 모르는 남편. 노부부가 두 손을 꼭 잡고 걷고 있는 모습을 보면서 나는 기막힌 타이밍이 아니고서야 둘 중 하나가 먼저 이별을 고해야 할 것이라는 앞선 걱정을 했다.

언젠가 한쪽을 먼저 떠나보내야 하더라도 마지막까지 그 손을 놓지 않는 모든 노부부의 사랑, 그리고 이별을 기억해야 한다.

순수의 손

모든 질투는
순수함에서 비롯된다.

퐁네프의 연인들을 본 후
The Lovers On The Bridge

화가 미셸은 실명의 위기에 처한다. 어둠의 공포에 놓인 그녀가 찾아든 곳은 퐁네프의 다리, 삶의 끝에 선 사람들의 안식처다. 그곳에 알렉스가 있다. 자신의 삶이 어찌되든 상관 않는, 몸을 망가뜨리는 일이 일상이었던 알렉스에게 사랑이 왔다.

그러나 미셸이 수술을 받아 빛을 찾는다면 알렉스는 미셸을 잃게 되리라 생각한다. 미셸을 찾는 광고지를 모조리 없애려고 지하도 벽면을 불태우고 광고지를 돌리는 사람조차 불태우는 알렉스. 그의 사랑은 지나치고 위태롭다.

"네가 사랑하는 사람이 있다면 내일 아침 '하늘이 하얗다'고 해줘. 그게 나라면 난 '구름은 검다'고 대답할 거야."

알렉스는 이 메모를 남겨놓고 밤새 잠들지 못한다. 다음 날 미셸이 "오늘은 하늘이 하얗다"고 말한다. 어제까지 그녀가 자신을 사랑하지 않는다고 절망했기에 그녀를 둘러싼 모든 것을 질투했던 알렉스. 그는 "구름은 검다"고 답한다.

서서히 알렉스의 손 아래로 그녀의 손이 스며든다. 지나친 열정이 범벅된 사랑은 질투를 꽃피우지만 알렉스의 그것처럼 순수함에서 비롯된 것이라면 그것 또한 해볼 만한 것이다.

용기의 손

입으로는 "안녕" 하고
거짓 작별을 고할 수 있지만
손은 **정직**해서
마음의 작은 **떨림**까지 전한다.

러브 어페어를 본 후
Love affair

2차 대전 때 만든 활주로에 비상착륙한 비행기 안에서 우연히 만난 두 남녀가 서로 사랑하게 된다면, 또 각자의 약혼자가 있음에도 그 우연한 사랑을 놓을 수가 없다면 그들은 어떻게 해야 할까. 그들의 만남은 우연일 뿐이지만 사실 우연이란 게 그렇게 쉽게 지나칠 것만은 아니다.

우연이란 무심코 바다를 향해 던진 나뭇조각이 거북이의 등껍질에 맞을 만큼 희박한 것이어서 우리는 그것을 운명이라고 속삭인다. 하지만 운명이라 믿었던 영화 속 주인공들은 긴 이별로 접어든다.

서로를 그리워하여 살아야 했던 마이크와 테리. 그들이 각자의 애인에게 돌아갈 수 없고 다시는 헤어질 수도 없다는 사실을 깨달은 것은 마주잡은 손의 힘 때문이다. 입으로는 "안녕" 하고 거짓 작별을 고할 수 있지만 손은 정직해서 마음의 작은 떨림까지 전한다.

작별 인사 후에도 마이크와 테리는 서로의 손을 놓지 않았다. 않는다. 않을 것이다. 계속.

손은 말보다 용감하다.

여유의 손

생의 마지막 순간에도
손 내밀어 춤출 수 있는
여유가 필요하다.

페르세폴리스를 본 후
Persepolis

스스로를 예언자라 믿는 이란에 살고 있는 꼬마 마지는 왕이 독재자이고 자신의 할아버지를 감옥에 보냈다는 사실을 알게 된다.

카자르의 왕자였고 공산주의자였던 할아버지를 상상하며 입가에 미소를 머금은 마지가 그 즐거운 생각을 미처 끝내기도 전에 이란은 다시 혼란에 빠져들고 마지의 영웅이자 삼촌인 아누쉬가 다시 감옥으로 끌려가는 사건이 벌어진다.

마지막으로 단 한 사람과 면회할 수 있는 기회. 아누쉬는 마지가 오기를 바란다. 예쁘게 차려입은 마지는 손바닥 만한 창문과 침대가 덩그러니 놓인 처참한 감옥에서 아누쉬와 함께 춤을 춘다.

마주잡은 두 손이 빙글빙글 도는 동안 맴도는 슬픔과 알 수 없는 미래에 대한 두려움은 하나의 은유가 되고, 아누쉬는 어린 조카에게 빵 부스러기로 만든 작은 백조를 선물한다. 이전에 감옥에 있을 때 만들어준 백조의 삼촌이라고 농담을 건네며.

아누쉬는 단 10분간의 면회에서 꼬마 숙녀 마지에게 눈에 보이지 않는 최고의 선물을 준다. 그것은 생의 마지막 순간에도 손 내밀어 춤출 수 있는 여유와, 희망이라고는 전혀 찾아볼 수 없는 감옥에 있을지라도 미래를 말할 수 있는 굳은 신념이다.

벼랑 끝에서도 우리는 위트와 신념을 잃지 말아야 한다.

행복의 손

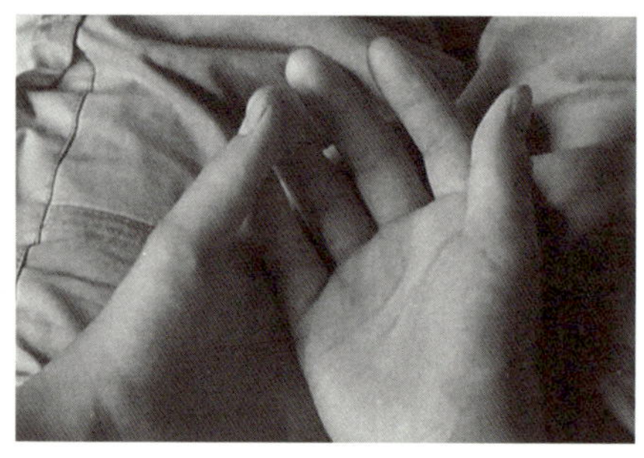

아무도 모른다.
그때 **당신의 심정**이
어떠했을지.

아무도 모른다를 본 후
Nobody Knows

그런 밤이 있다.

슬픔이 목까지 차오르다 차츰차츰 위로 올라가 머리통마저 촉촉하게 만들더니 눈물이 몸 어디에서 나오는지 모를 만큼 온몸이 먹먹해지는 밤.

그러한 슬픔은 감당하기 힘들 만큼 무거워서 한참이 지난 후에야 눈물이 흐르게 한다.

평범한 가정에서 태어났다면 어리광부리고 별일 아니어도 울고 보챌 나이임에도 고난을 받아들여야 했던 아이들. 아버지가 다른 아키라, 쿄코, 시게루, 유키 그리고 한 소녀의 표정은 시종일관 담담했다.

그들 가운데 가장 큰 아이, 열두 살 아키라가 감당하기 벅찬 일들이 서서히 닥치고 심지어는 막내 유키가 사고로 생명을 잃게 된다.

아무도 모른다. 그때 아키라의 심정이 어떠했을지.

네 번째 생일에 엄마가 돌아올 거라 굳게 믿는 유키에게 "삑삑" 소리 나는 신발을 손수 신겨주었던 손, 싸늘하게 식은 유키의 손을 보듬어주었던 손, 공항의 어느 땅에 유키를 묻고 부들부들 떨었던 손, 아키라의 손은 늘 그렇게 아픔을 보듬어주는 손이었다. 이 땅에 아키라 같은 아이가 살고 있다면 이제는 부디 행복한 손을 많이 만나기를 바란다.

기억의 손

손을 내어주는 건
전부를 내어주는 것이다.

_**헤어진 남자친구**와 극장에서

헤어진 남자친구와 극장에 함께 가는 게 아닌데. 게다가 그가 내 손을 잡게 내버려두는 게 아닌데…….

후회해봤자 때는 이미 늦었다.

손은 솔직하다.

나는 그의 손을 뿌리치지 않았고 그는 영화가 끝날 때까지 내 손을 놓지 않았다. 영화 보는 내내 그와 함께 손잡는 일이 일상이었던 행복한 시절로 돌아갔다가 '맞다, 우리 헤어졌지' 하고 현실로 돌아오기를 몇 번.

'오랫동안 그리웠어. 네 손의 감촉, 함께였던 시간, 그리고 너로 인해 웃던 순간…….'

한 사람에게 손을 내어주는 일은 참으로 많은 기억을 떠올리게 한다.

그리고 그와 동시에 다시는 그때의 시절로 돌아갈 수 없다는 잔인한 깨달음을 남긴다.

삶이 버거운 날

그가 그녀를 사랑하지 않을 때 그녀는 그를 사랑하고, 그녀가 그를 떠났을 때 그가 그녀를 사랑하게 되는 일. 혹은 그 반대. 그런 일은 너무 흔하다. 그것이 사랑의 가장 큰 장애다. 대체 눈에 보이지 않는 이 사랑이 얼마나 우리를 시험하는지 모르겠다. 어렵다, 사랑은.

추억을 간직하는 법

그 사람에 대한 기억을
간직한다면
그 사랑도 **영원**하다.

로마의 휴일을 본 후
Roman Holiday

영화가 클라이맥스로 다가가면서 대사관의 대연회장에서 기자 회견을 하는 장면이 펼쳐졌다. 그리고 오드리 헵번이 연기한 앤 공주가 "지금까지 방문하신 도시 가운데 어디가 가장 마음에 드셨나요?"라는 기자의 질문에 겉치레 하나 없이 "로마입니다. 살아 있는 한 이곳에서의 추억을 잊지 못할 거예요." 하고 대답했을 때, 객석에서 커다란 함성과 박수 소리가 터져 나왔다.

지금까지 영화를 보면서 이런 경험은 처음이었다. 놀라 어리둥절해하면서 나 역시 박수의 도가니에 가담하기 위해 손뼉을 짝짝 쳐댔다.

바로 앞으로 눈길을 돌리니, 할머니도 힘차게 박수치고 있었다. 그리고 할머니는 빈 옆자리로 고개를 돌리고는 생긋, 풍요로운 미소를 지었다. 마치 그곳에 있는 누군가에게, "참 좋은 영화죠?"라고 말을 건네는 듯이. 스크린에서 반사되는 빛을 받아 어둠 속에 보얗게 떠오른 할머니의 옆얼굴에 소녀의 그림자가 어려 있었다.

_가네시로 가즈키의 《영화처럼》, 〈사랑의 샘〉에서

다섯 개의 이야기를 끌어가는 인물들이 하나의 영화를 공통분모로 간직한다. 우리는 추억의 영화를 통해 각자의 기억을 떠올린다. 그리고 다시 본 추억의 영화는 새로운 추억을 만든다.

"엄마, 저 남자는 공주를 좋아하는데, 왜 모른 척해?"

어린 나는 사랑하는 사람과 함께 있어야 한다는 단순한 논리가 이뤄지는 게 이 세상이라고 믿었다. 엄마는 내 질문에 답하지 않았다. 대신 내 작은 손을 꼭 잡았다. 엄마의 눈에 눈물이 맺혔다. 나는 더 이상 질문할 수 없었다. 울고 있는 사람에게 말을 걸 수 없었다.

내 자그마한 손과 엄마의 눈물. 추억의 영화는 우리가 미처 생각지도 못한 시절로 우리를 초대한다. 어릴 적 본 것과 훗날 다시 본 것은 같은 영화지만 그 여운은 전자의 것 더하기 후자의 것의 감동을 준다.

녹록지 않은 삶을 견디느라 이제 더는 문화를 즐기지 않는 부모에게도 애잔한 추억이 있었으리라. 주름이 생기기 전 고왔을 부모의 얼굴을 떠올려보라. 좀처럼 부모의 손을 잡아본 적 없다면 슬며시 모른 척 손을 잡아보라.

추억은 눈물을 부른다. 눈물은 몇 번의 사랑과 이별을 경험한 지금의 내가 예전과 전혀 다른 사람이라는 사실을 새삼 깨닫게 한다. 그때 함께했던 사람들은 어디론가 사라졌다.

어린아이는 '사랑한다'는 말이 '당신과 함께 있고 싶어요'라는 뜻이라 믿는다. 나이가 들면서 사랑하는 사람과 이별할 때 그 황당한 사실을 받아들이려고 몇 번쯤은 울 것이다.

"사랑하는데 왜 헤어져?"

그것은 우리의 어릴 적 모습이다. 어린아이는 앤 공주와 조 브래들리가 함께 살아야 한다고 생각할 것이다. 그들은 서로 사랑하니까. 하지만 성인이 되면 어떤 생각을 할까?

사실 로마에서 앤 공주가 조 브래들리와 함께한 시간은 단 하루뿐이다. 보통의 사람들에게는 지겨울 만큼 평범해서 벗어나고 싶은 일상. 시장을 돌아다니고, 미용실에서 머리를 자르고, 파티에 가서 파트너와 춤을 추는 일.

다시 자신의 자리로 돌아간 앤 공주는 로마에서의 기자 회견에서 브래들리와 재회하고 그 둘은 그저 눈빛으로 대화한다.

'살아 있는 한 당신을 잊지 못할 거예요.'

그들은 이 짧은 생이 사랑보다 강하다는 것을 인정하고 하루의 기억을 간직하는 데 만족한다. 사랑하는(연인에 국한되지 않은) 사람들이 평생 함께할 필요는 없다. 사랑하는 사람을 마음에 담을 수 있다면 행복할 수 있다.

함께할 수 없는 이유가 앤 공주와 브래들리처럼 특별한 상황이든 어느 한쪽이 유명을 달리한 경우든 누군가의 마음이 변한 까닭이든. 그 사람에 대한 기억을 간직한다면 그 사랑도 영원하다.

정말 소중한 건
낯익은 일상이다

우리는
어떠한 상황에서도
스스로 행복할 수 있는
존재다.

메리 크리스마스를 본 후
Joyeux Noël

이 세상에서 한 사람이 다른 한 사람에게
사랑한다고 한 말은
아무리 하기 힘든 작은 소리라 할지라도
화산암 속에서든 얼음 속에서든
하얀 김처럼 남아 있으리라

_황지우 시 '재앙스런 사랑'에서

시인 황지우가 말하는 이 추운 날 터미널에 나가 기다리고 싶은 그대는 그곳이 용암물이 들끓는 곳이라도 함께 몸을 던지고 싶은 사람이다. 얼마나 사랑해야 그럴 수 있을까.

시인은 무모하게도 이 세상 모든 사람이 그런 사랑을 할 수 있다고 믿는 것 같다. 그렇지 않고서야 사랑한다고 한 말이 어디서든 하얀 김처럼 남아 있다고 할 수 있겠는가.

스코틀랜드 어느 작은 마을에 사는 두 형제, 그들을 안타깝게 여긴 파머 신부, 독일의 어느 극장에서 연인 안나와 오페라를 공연하는 성악가 스프링크, 홀어머니를 둔 젊은 프랑스인 이발사 퐁셸… 다양한 사람이 가족, 친구, 이웃, 연인을 떠나 언제 죽을지 모를 전쟁터로 끌려왔다. 1914년 12월의 서부전선, 치열한 전쟁터지만 그 안에는 평범한 사람들이 숨 쉬고 있다.

"우리의 1분은 당신의 1분보다 길어요."

연인 스프링크를 만나기 위해 전선으로 향하는 안나의 말이다. 온 우주는 사랑하는 사람을 위해 움직인다. 사랑하는 사람을 만나기 위해 전장으로 가는 그녀의 1분은 사랑하지 않는 자의 1분보다 길다.

이렇듯 시간은 다르게 흐른다. 그 시간의 법칙은 독일, 프랑스, 스코틀랜드 연합군이 서로 총을 겨누는 서부전선에도 적용된다. 군사들은 추위와 두려움에 떨고 있다. 어디선가 〈고요한 밤 거룩한 밤〉이 들려온다. 냉담하게 식어버린 군사들의 마음에도 노랫소리가 울려 퍼진다. 군사들은 총을 내려놓는다. 독일 진영의 안나에게서 울려 퍼진 캐럴이 군사들을 위로한다. 서로 총부리를 겨눴던 적대감이 순식간에 눈 녹듯 사라지고 군사들의 얼굴에 웃음이 깃든다.

오고가던 음악소리가 크리스마스이브 휴전으로 이어진다. 각국 군사들은 초콜릿과 담배, 샴페인을 나누고 기쁨의 폭죽을 터트린다. 파머 신부가 단에 오르고 기독교인, 가톨릭신자, 유대인,

무신론자까지 모두가 미사를 드린다.

안나가 노래를 시작한다. 그녀의 아름다운 목소리에 군인들의 눈망울이 촉촉해진다. 시종일관 무표정하던 독일 중위의 눈에도 눈물이 맺힌다.

언어가 1차적인 소통이라면 음악은 그것 너머의 교감이다. 음악은 해석 없이 닿을 수 있는 마음의 다리다. 내가 죽지 않으려면 남을 죽여야 하는 전쟁터. 그곳에서 들려오는 음악은 특별하고 슬픈 아름다움이다.

결연하게 노래하는 독일군은 따뜻한 쪽으로 기우는 사람의 의지를 전쟁이 꺾을 수 없다는 것을 확인시켜준다. 내면에 숨겨진 노래가 있는 한, 이 추운 날 터미널에 나가 기다리고 싶은 그대가 있는 한, 우리는 어떤 상황에서도 스스로 행복할 수 있는 존재다.

그 소리는 화산암 속에서든 얼음 속에서든 하얀 김처럼 남아 있는 "사랑한다"는 말처럼 영원히 기억될 것이다. 더 이상 어느 편이 독일군이고 프랑스군인지 혹은 스코틀랜드 연합군인지 구분하는 일은 무의미하다. 그들의 모습은 '사람의 마음은 본래 따뜻함에 반응한다'는 사실을 증명한다.

휴전은 크리스마스이브 하루만으로 그치지 않았다. 그들이 나눈 것은 담배나 샴페인이 아니라 마음이기 때문이다. 평범한 사람에게 정말 필요한 것은 국가의 이익도, 전쟁에서 공을 세우는 것도 아닌 우정을 나눌 사람이다.

그들은 함께 전사자의 시신을 묻어 장례를 치르고 친선 축구를 즐기거나 이야기를 나눈다. 서로의 가족사진을 돌려보며 그리움을 공유한다. 그중 유난히 눈길을 끄는 사람은 프랑스군 퐁셸이다. 그는 어떤 상황에도 유머를 잃지 않는 캐릭터로, 매일 오전 10시에 어머니를 위해 커피를 끓이던 기억을 잊지 않으려고 전장에서도 같은 시간에 알람을 맞춰놓았다.

그는 독일군의 도움을 받아 어머니와 함께 커피를 마시고 돌아오던 길에 프랑스군에게 총을 맞는다. 그는 독일진영과 프랑스진영 사이에서 영원히 잠든다.

"어머님과 커피를 마셨어요. 독일군 복장으로 죽다니…… 말이 안 되죠?"

그의 마지막 말이다.

퐁셸이 어머니와 함께 커피를 마시던 일상은, 전시에는 목숨을 바쳐서라도 하고 싶은 특별한 일이 된다. 전쟁은 우리가 정말 소중히 여기는 것이 무엇인지를 깨닫게 한다. 매일 얼굴을 맞대고 있던 친구, 만나기만 하면 다투던 엄마, 언제나 내 편인 아빠, 그리고 늘 곁에 있기를 바라는 남자친구…….

전쟁과 같은 극한 상황으로 우리의 일상이 흐트러진다면 우리는 그들과 함께했던 날을 죽을 만큼 그리워할 것이다. 지금 전쟁터에 있다고 생각하고 주변을 둘러보자. 무심코 지나쳤던 풍경, 좋아하는 사람과 함께 손을 잡고 걷는 일, 매일 마시는 커피, 옆집 강아지가 짖는 소리, 고양이가 무릎 위에 앉는 일, 무엇보다 사랑하는 사람과 함께 했던 일…… 소소한 일상이 얼마나 애틋한지 깨달을 것이다.

스코틀랜드인 신부가 스코틀랜드뿐 아니라 프랑스, 독일군 앞에서 미사를 드렸던 순간. 누가 적이고 누가 적이 아닌지 구분하지 않고 서로가 마음을 나누며 외로운 사람에게 손 내미는 가장 아름다운 순간이다.

아버지의 뒷모습이 알려준 것

삶을 **침묵**하며
자식을 **사랑**했을
아버지가 떠올랐다.

원스를 본 후
Once

사랑하는 사람의 뒷모습은 애틋하다. 뒷모습은 그 사람이 살아온 길이기 때문이다. 긴 시간이 흘러도 잊히지 않는 뒷모습이 있다면 그것은 내 아버지의 것이다.

아버지는 공장에서 옷을 만들고 자전거로 실어 나르는 일을 했다. 단 한 번도 늦잠을 자는 일이 없었고 결근하는 일도 없었다. 화를 내는 일도 없었고 누군가에게 싫은 소리 한 적도 없었다. 아버지는 한결같은 모습으로 가족의 곁을 지켜주었다.

그런 아버지가 답답해서 나는 간혹 못되게 굴거나 소리를 지른 적도 있었다. 그러나 아버지는 꿈쩍하지 않았다. 느긋하게 "왜 그리 성격이 급하노?" 대꾸했을 뿐.

아버지는 내가 생일을 제대로 챙기지 못할까 봐 선물과 케이크를 사라며 매년 돈을 건네주었고, 어머니가 아픈 날에는 정성스레 도시락을 싸주었다. 외갓집 일이라면 어머니보다 더 적극적으로 나서서 돌봐주었다. 외할머니가 치매에 걸려 골골거릴 때에도 아버지는 아무 말 없이 할머니를 돌봤고, 어머니를 위로했다.

"삶은 때때로 슬픈 것, 우리가 함께 있는 것만으로 위안 삼자."

아버지는 어머니의 어깨를 토닥였다. 나는 그런 아버지가 바보 같았다. 한참이 지난 후에야 아버지의 그런 모습을 자랑스러워 할 수 있었다. 한 사람의 진실한 마음을 알게 되는 데는 꽤나 오랜 시간이 걸린다.

아버지는 예전처럼 크고 듬직한 어깨를 갖고 있지 않다. 어깨가 굽고 얼굴에 주름도 생겼다. 아버지는 세상이 말하는 남자의 성공이 아닌 다른 무엇을 가진 사람이다.

아마 평생을 내 아버지처럼 살아간다면 세상사람 누구라도 감동시킬 수 있을 것이다. 그 슬프고 애틋한, 그래서 사랑할 수밖에 없는 아버지. 아버지는 자식의 꿈을 응원한다.

거리에서 노래를 부르는 주인공은 진공청소기를 수리하는 아버지를 도우며 언젠가 런던으로 떠나기를 소원한다. 오디션을 위해 앨범을 녹음하기로 결심한 그는 거리의 연주가들과 함께 자신의 방에서 열심히 연습한다. 그때 그의 아버지가 조용히 간식을 가져다준다. 나이가 들 만큼 든 아들이 옆집이 날아갈 만큼 시끄럽게 노래를 부르고 악기를 연주하는 모습을 아버지는 묵묵히 지켜본다. 행여 연습에 방해가 될까 봐 조용히 간식만 놓고 가는 아버지의 행동에서 나는 침묵의 신뢰를 느꼈다.

앨범을 다 녹음한 후 그가 아버지에게 노래를 들려줄 때, 그 신

되는 절정에 이른다. 그가 런던으로 떠날 것을 짐작한 아버지가 언제 떠날 거냐고 묻자 그는 "내일"이라고 대답한다. 그리고 아버지가 걱정된 나머지 굳이 떠나지 않아도 된다고 덧붙인다. 아버지는 말한다.

"가거라! 최선을 다 하거라."

아버지는 당신이 홀로 외롭게 그 자리에 남겨질지라도 자식의 꿈을 묵묵히 응원해주는 존재다. 화면에 투영된 자글자글 주름이 드리워진 아버지의 손. 묵묵히 아들을 바라보고 쓰다듬어준 바로 그 손이 내 아버지의 손만큼 아름답게 보인다. 그의 뒷모습은 아름답다. 삶을 침묵하며 자식을 사랑했을 지난 시간만큼.

아버지의 행운은 아버지가 된 일이다

어떠한 순간에도
아버지는
실망하지 **않는다.**

천국의 아이들을 본 후
The Children of Heaven

아홉 살 소년 알리의 아버지는 휴일에 부업으로 정원사 일을 하기 위해 알리와 함께 자전거를 타고 부자 동네로 간다. 아버지는 알리에게 자신이 하는 대로 따라하라며 어느 부잣집의 초인종을 누르지만 어눌한 말투 때문에 번번이 쫓겨난다. 보다 못한 알리가 인터폰 너머로 또박또박 말한다.

"정원사인데, 나무에 약초도 치고 잡초도 뽑아요."

그들이 동네를 몇 바퀴나 돌았는지는 알 수 없다. 다만 지친 아버지의 표정과 처음 출발할 때보다 더 낡아보이는 자전거가 시간의 흐름을 짐작하게 한다. 정원사가 필요한 집이 없는 게 아닐까 하고 생각할 즈음 한 꼬마의 도움으로 알리 아버지는 어느 집의 정원 일을 맡고, 알리는 그 꼬마와 함께 시간을 보낸다. 카메라는 알리의 웃음소리를 설핏 담아내면서 아버지의 노동을 묵묵히 응시한다.

일을 모두 마친 후 임금을 두둑이 받은 아버지는 밝은 얼굴로 아들을 부른다. 아들과 자전거를 타고 집으로 가는 길에 신이 난 아버지는 휴가 때 매일 와서 정원 일을 하면 필요한 것들을 살 수 있다며 기뻐한다.

그러나 가난한 아버지에게 행운은 그리 오래 머물지 않는다. 내리막길에서 자전거 브레이크가 고장 난 것이다. 다음 장면은 머리에 붕대를 감고 트럭에 앉아 있는 아버지와 알리의 모습으로 이어진다. 지쳐 잠든 알리의 머리를 쓰다듬는 아버지의 얼굴이 슬퍼 보인다.

알리의 아버지를 생각하면 내 아버지가 떠오른다. 평생을 성실하게 살아온 내 아버지에게, 이제 행운이 조금 따라오는가 싶으면 번번이 브레이크가 고장 난 자전거처럼 느닷없는 불운이 동시에 따라왔다.

그러나 아버지는 한 번도 실망하는 모습을 보이지 않았고, 나를 따뜻하게 안아주는 일을 잊지 않았다.

알리와 동생 자라에게 줄 선물들을 자전거에 싣고 걸어가는 아버지의 뒷모습은 내가 생각하는 행운의 기준과 아버지가 생각하는 행운의 기준이 근본부터 다르다는 것을 알려준다.

청빈한 아버지에게 세상적인 행운이 따르지는 않았지만 이 세상 사람들이 쉽게 얻지 못할 단 한 가지 행운이 영원히 뒤따르고 있다. 그것은 당신이 사랑하는 자식의 마음속에 심어놓은 '존경

하는 마음'이다.

아버지는 자식에게 꿈을 포기하지 않는 마음, 욕심을 부리지 않는 마음, 성실함 그리고 무엇보다 끝까지 묵묵히 해내는 마음을 몸소 가르쳐주신 분이니까.

내게 용기를 주는 사람

나는 너를 믿는다.
단 **한마디**가
우리를 살린다.

빌리 엘리어트를 본 후
Billy Elliot

운동화만 신고 다녔던 친구가 돈 때문에 취직을 하고 구두를 신기 시작했다. 내키지 않지만 격식을 차려야 한다는 의무감 때문이었다. 회사에 도착할 때쯤 발뒤꿈치 살갗이 벗겨진데다 피가 고여 붉게 물들어 있었다고 친구는 말했다. 그제야 걷지 못할 정도로 발이 아프다는 것을 느꼈다고. 상처를 보기 전에도 아팠을 텐데, '괜찮겠지' 하고 무시한 채 계속 걸었던 것이다.

1980년대 영국의 북부 탄광 마을. 11세 소년 빌리는 아침이면 치매에 걸린 할머니의 식사를 준비하고 방과 후에는 권투를 하기 위해 체육관에 간다. 빌리의 아버지와 형은 광산에서 일하지만 현재 파업 중이다. 어머니는 오래전에 세상을 떠났다.

빌리는 어쩐지 링 위에서 상대를 때려눕히는 일보다 건너편 발레교습소에서 들려오는 음악 소리에 더 관심이 간다. 원 투 쓰리 포, 박자에 맞춰 몸을 흔들다 어느 사이 발레를 배우는 소녀들 틈에 들어간다. 빌리는 비로소 자신이 좋아하는 것을 발견한다. 빌리의 재능을 알아본 발레 선생님 윌킨슨 부인은 개인적으로 빌리를 지도하기 시작한다.

어느 날 체육관에 들른 아버지는 빌리가 발레교습소에 있는 모습을 목격한다. 미래가 없는 탄광 마을에서 소년이 살아남을 길은 오직 권투를 배우는 일이라 믿었던 아버지는 발레슈즈를 신은 아들을 보고 분노한다.

빌리는 아버지의 눈을 피해 윌킨스 부인과 함께 발레연습을 계속한다. 계속되는 연습이 힘겹지만 빌리는 계속 춤을 춘다. 그러나 빌리의 형이 파업 시위를 하다 경찰에게 붙들려간 후로 상황은 달라진다. 꿈을 향해 날갯짓하기도 전에 빌리는 아버지와 형이 처한 현실과 마주한다. 아버지가 몽둥이를 들고 쫓아오며 말릴 때는 바락바락 악을 쓰며 하겠다고 고집을 부렸지만, 가혹한 현실 속에 고개 숙인 아버지를 보고 스스로 꿈을 포기한다. 아버지의 절망은 어린 아들에게 어마어마한 무게의 책임감을 안겨준다.

크리스마스이브. 온 세상 사람들을 들뜨게 만드는 날이지만 빌리의 아버지는 가만히 앉아 있다. 여전히 파업 중인 현실 때문인지, 뜻대로 되지 않았던 과거 때문인지 그의 눈에서 눈물이 흐른다. 술을 마신 그는 발레가 그리워 체육관으로 달려간 빌리를 쫓아간다. 빌리의 머리는 발레를 포기했지만 몸은 말을 듣지 않는다. 아버지는 그곳에서 아들의 몸짓을 목격한다. 잠재된 재능은 끝까지 포기하지 않는 자에게 시들지 않는 꽃과 같다. 아버지는 빌리에게서 그 꽃을 본다.

발레를 본 적 없는 광부인 그의 눈에도 빌리의 몸짓은 눈부시게 아름다웠다. 마침내 그는 '절대 안 된다'고 생각했던 일을 스스로 실행한다. 바로 빌리를 런던 로얄 발레학교로 보내는 일.

오랫동안 간직했던 아내의 패물을 내놓고 동료들로부터 배신자라고 낙인찍힐 것을 감수한 채 광산에 들어가는 버스에 오른다. 고집스런 눈동자와 입술을 가진 그 남자가 끝끝내 지키고 싶었던 자존심을 내버리고 자식을 위해 저벅저벅 걸어 들어간 곳은 '무릎 꿇고 눈물 흘릴 만큼' 가기 싫었던 광산. 그것은 세상과의 타협, 죽음까지 함께하자는 동료들에 대한 배신이지만, 자식을 사랑한 한 남자의 가장 용기 있는 행동이었다.

빌리는 운 좋게도 어렸을 때 꿈을 발견했다. 춤출 때 몸 안의 불길이 치솟고 그것을 타고 날아다니는 것 같다는 빌리, 그리고 뒤늦게나마 그 재능을 인정하고 지원해준 빌리의 아버지.

그의 선택은 자식의 인생까지 대신 살아줄 것처럼 팔을 걷어붙이고 새벽부터 밤늦게까지 학교에서 학원으로 아이들을 실어 나르는 한국 부모의 그것과는 다르다. 이 땅에는 "네가 진심으로 좋아하는 게 뭐니?"라고 묻기 전에 자식의 인생을 좌지우지하려는 부모가 있다. 그들은 아이들이 힘에 겨워 학원에 가기 싫다고 말할 때면 "내가 널 위해 얼마나 노력하는데……." 하고 말한다.

좋아하는 것이 무엇인지도 모른 채 부모의 요구로 시작한 일은 발에 맞지 않는 구두를 신은 것과 같다. 그것은 발뒤꿈치에 피범벅이 된 상처처럼 지울 수 없는 흉터를 남긴다.

나도 이제 친구에게 구두를 그만 벗으라고 해야겠다. 맨발이라도 좋다. 싫어하는 것을 억지로 하다 만든 상처보다 좋아하는 것을 하다 좌절하는 일을 택하라고 말할 것이다. 그는 내게 용기를 줬던 친구니까. 이제는 내 차례다.

믿음이 만드는 용기

무모한 꿈이라도
소중한 사람이 원하면
격려하는 것.

풀 몬티를 본 후
The Full Monty

실직이라는 상황과 희망을 찾아볼 수 없는 현실을 근근이 이어가는 가즈와 그의 어린 아들 네이단. 가즈는 이혼한 후 양육비를 내지 않으면 네이단을 만날 수 없는 처지에 이른다.

어느 날 그는 친구 데이브와 함께 마을을 배회하던 중 여성 전용 클럽에서 남성 스트립쇼가 인기를 끌고 있다는 사실을 알게 된다. 가즈는 아들의 양육비를 위해 필사적으로 데이브를 설득하고 그들은 결국 스트리퍼가 되기로 결심한다.

의상을 살 돈이 없다고 하자 저금통장까지 내밀었던 네이단에게 가즈는 절대 그 돈만은 받을 수 없다고 말한다. 그 순간 네이단은 진지하게 말한다.

"아빠를 믿어요."

가즈가 스트리퍼로 돈을 벌 것처럼 보이지 않는데도 네이단은 아빠를 격려한다. 과연 빼빼 마른 가즈와 뚱보 데이브가 스트립쇼에서 성공할 수 있을까.

오디션을 통해 6개월 동안 실직 상태임에도 아내를 속이며 출근하는 척했던 제랄드, 힘든 현실을 견디지 못하고 자살을 결심했던 룸퍼, 오래전에는 댄서였지만 지금은 나이가 들어 어디서도 받아주지 않는 호스, 춤은 못 추지만 자신감 넘치는 가이가 그들의 스트립쇼에 합류한다.

오합지졸 같은 그들은 문 닫힌 제철소에서 춤을 연습한다. 그러나 무대에 서기도 전에 그들은 '과다 노출'이라는 이유로 경찰서로 연행되고 신문에 대문짝만하게 그 사실이 보도된다. 이제 그들은 부끄러워서 집 밖에 고개를 들고 다닐 수조차 없다. 스스로에게 자신이 없었던 데이브는 결국 쇼핑센터 경비원으로 취직해 다른 팀원들의 사기를 떨어트린다.

일을 마치고 힘없이 집에 들어선 데이브에게 스트리퍼 의상을 발견한 아내가 추궁한다. 결국 그동안의 일을 털어놓는 데이브는 자신이 너무 뚱뚱하기 때문에 무대에 설 수 없다고 자책한다. 데이브의 아내는 얼굴빛을 바꾸며 말한다.

"왜 당신이 무대에 설 수 없어요? 아무도 당신을 봐주지 않는다 해도 내가 봐줄 거예요."

데이브는 누가 봐도 뚱뚱하고 볼품없다. 그런데 그의 아내가 '당신은 멋지고 훌륭하다'고 말하는 순간 상황은 달라진다. 데이브가 무슨 일이라도 할 수 있는, 용기 있는 사람으로 변한 것이다.

데이먼을 만나기 위해 무모한 결심을 한 가즈와 그런 그를 믿어준 데이먼, 그리고 뚱뚱보 데이브의 축 처진 뱃살까지도 사랑한 그의 아내 덕분에 이 영화를 보면 관객마저 용기를 얻는다. 가족은 그런 것이다. 상대를 있는 그대로 인정하고 세워주는 것, 때론 무모한 꿈이라도 자신의 소중한 사람이 원한다면 격려하는 것.

영화 속 그들처럼 내게 용기를 주는 사람은 누구일까. 어쩌면 소중한 사람에게 나는 또 "너는 그래서 안 돼"라고 말한 건 아닐까. 우리는 가까운 사람의 꿈을 키워줄 수 있는 동시에 좌절시킬 수도 있다.

때로 사랑하는 사람을 보내주어야 한다

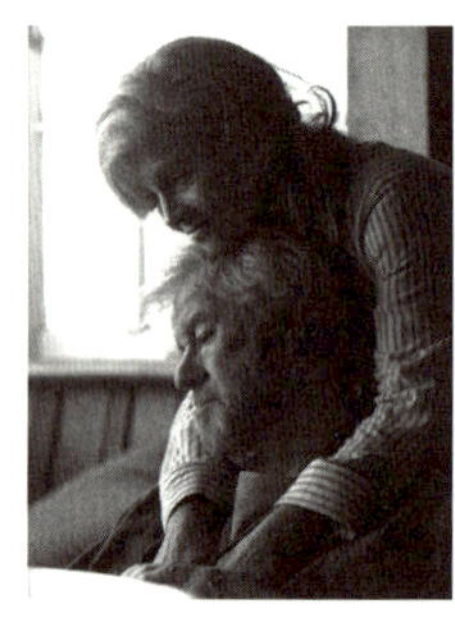

그 사람이 행복해하는 일이 있다면,
그것이 긴 이별을 의미한다 해도
그것이 당신을 힘들게 한다 해도
보내주어야 한다.

어웨이 프롬 허를 본 후
Away from her

기차를 타면 음악을 들어라. 이전에 자주 듣던 노래가 전혀 다른 느낌으로 다가올 것이다.

어느 날 기차에서 김광석의 〈어느 60대 노부부의 이야기〉를 들은 적이 있다. 뼈마디를 뚫을 만큼 슬픈 목소리를 들을 때 기차는 길고 긴 터널로 들어갔다. 짧은 순간이었지만 한 사람의 긴 세월을 떠올릴 수 있었다.

한참 어렸던 그때도 내게는 노년의 부부에 대한 로망이 있었다. '그 사람 아니면 안 돼'라고 말하고는 몇 달 후, 혹은 그보다 더 짧게 다른 사랑에 뒤척이는 젊은 사람들의 이야기는 지겨웠다. 그렇다고 그게 나쁘다는 것은 아니다. 다만 긴 세월을 함께 보낸 사람들, 그래서 서로에게 애틋한 사람들, "당신과 함께 늙는 일이 내게는 행복이었어요"라고 고백할 수 있는 사람들의 이야기가 갈급했다.

김광석의 노래는 긴 세월 함께 보낸 아내가 먼저 세상을 떠난 것을 슬퍼하는 한 할아버지의 이야기다. 나는 노부부를 만난 적이 없다. 할아버지는 내가 어릴 적 돌아가셨기 때문에 늘 혼자인 할머니만 봐왔다. 그래서인지 자꾸 상상을 하게 된다. 애틋하고 멋진 노부부의 모습을.

44년을 함께한 남편 그랜트와 아내 피오나. 어느 날 그들 부부에게 위기가 찾아온다. 피오나가 조금씩 기억을 잃기 시작한 것이다. 자진해서 요양원에 들어간 피오나는 그곳에서 같은 처지의 남자 오브리를 사랑하게 된다. 남편 그랜트는 그 사실을 받아들이기가 벅차다. 매일 요양원을 찾아가 둘이 함께 있는 것을 보면서 아내가 자신을 일부러 모른 척하는 것이 아닐까 생각하기도 한다.

그랜트가 오브리의 아내 메리언을 찾아가는 장면과 피오나와의 추억, 그리고 요양원에서의 시간들이 나란히 이어진다. 그때마다 그랜트의 행동들을 퍼즐처럼 짜맞춰보면 그가 왜 메리언을 찾아가는지 알게 된다.

어느 날 오브리의 아내 메리언이 요양비에 부담을 느껴 오브리를 집으로 데려가자 피오나가 기력을 잃기 시작한다. 그랜트는 책과 꽃을 선물하며 피오나를 위로하지만 그녀가 그리워하는 사람이 오브리라는 씁쓸한 사실만을 확인하게 된다. 그가 메리언을 찾아간 이유는 바로 오브리를 다시 요양원에 보낼 것을 부탁하기 위해서였다.

피오나가 처음 오브리와 붙어 지낼 때 그랜트는 당황할 수밖에 없었다. 담당 간호사는 요양원에서 흔히 있는 일이라고 했다. 요양원에 남겨진 사람들은 문득 기억을 찾거나 잃기도 한다고. 그리하여 주변 사람들이 얼마나 큰 상처를 입는지 그들은 모른다고. 기억을 잃었다는 사실조차 기억하지 못한다면 그런 일은 벌어질 수 있다.

그랜트는 그저 요양원 한 귀퉁이에서 피오나와 오브리가 함께 있는 것을 지켜볼 수밖에 없었다. 그는 잠시도 그녀에게서 떠나고 싶지 않았다. 누군가를 사랑하게 되면 곁에 있고 싶은 것이 당연한 일이다. 그러나 그것이 사랑하는 사람을 힘들게 한다면 어떻게 해야 할까?

보내주어야 한다.

사랑하는 사람이 있다면 그 사람이 행복해하는 일이 있다면 그것이 긴 이별을 의미한다 해도 그것이 당신을 힘들게 한다 해도 보내주어야 한다.

나도 아직은 그럴 자신이 없어서 홀로 연습 중이다. 사랑하는 사람을 보내주는 일을. 그랜트는 44년을 함께 지낸 피오나가 진심으로 행복해하는 모습을 보기 위해 중대한 결정을 한다. 다른 남자를 데려오는 일. 피오나가 진심으로 기뻐하는 일이라면 해야 한다고 그랜트는 생각한다. 그것이 사랑하는 상대를 다른 사람에게 보내주는 일이라도.

내가 사랑하는 사람
나를 사랑하는 사람

사랑은 앙증맞게도
전혀 **다른 때**
두 사람의 마음을 움직인다.

물고기자리를 본 후
Pisces

그가 물었다.

"내가 사랑하는 사람, 나를 사랑하는 사람 가운데 어떤 사람과 사랑을 하고 싶어요?"

그녀는 답했다.

"가능하다면 내가 사랑하는 사람을 만나고 싶어요."

그와 그녀는 잠시 아무 말 없이 아메리카노를 마셨다. 시럽 없는 아메리카노가 좋아진 건 인생의 쓴맛을 알게 되었기 때문이라 생각했다.

내가 사랑하는 사람, 나를 사랑하는 사람. 어째 둘 사이는 이 맛처럼 씁쓸하다. 내가 사랑하는 사람이 되도록 나를 사랑하기를 바랐고, 그때가 동일한 시점이면 더할 나위 없이 좋을 것이다. 하지만 사랑은 앙증맞게도 전혀 다른 때에 두 사람의 마음을 움직인다.

그가 그녀를 사랑하지 않을 때 그녀는 그를 사랑하고, 그녀가 그를 떠났을 때 그가 그녀를 사랑하게 되는 일. 혹은 그 반대. 그런 일은 너무 흔하다. 그것이 사랑의 가장 큰 장애다. 대체 눈에 보이지 않는 이 사랑이 얼마나 우리를 시험하는지 모르겠다. 어렵다, 사랑은.

〈물고기자리〉가 떠오른 것은 그때였다.

'새드 무비'라는 비디오대여점 주인 정애련. 그녀는 누군가를 사랑한다는 것이 얼마나 행복한 일인지, 그리고 얼마나 자기중심적인지를 온몸으로 보여준다. 음악을 하며 프랑스 예술영화를 즐겨 보는 유동석. 그에게 그녀는 자신의 이야기를 잘 들어주고 이해심 많은 사람이다. 어쩌다 차를 함께 마시고, 일이 잘 풀리지 않은 날엔 술주정도 받아주는 그저 좋은 사람.

그는 애인이 없다는 애련에게 "이상하다, 애련 씨 같은 여자가……. 남자들 눈이 다 삐었나?"라고 말할지언정 그 남자들에 자신은 포함시키지 않는다.

사랑한다는 힘겨운 애련의 고백은 '나는 너를 사랑하지 않는다'라는 벽에 부딪히고 그 벽은 기어코 한쪽을 망가뜨린다. 애련의 사랑은 동석이 밀어내면 밀어낼수록 더 강해졌기에 오히려 자신을 괴롭힌다.

사랑하는 사람이 있다고 말하는 동석에게 '먼저 만났다고 그 사람을 계속 사랑하는 건 억지'라고 말하는 애련. 그런 애련에게 '억지를 부리는 건 오히려 너'라고 말하는 동석. 이 위태로운 사랑은 결국 두 사람에게 상처로 남는다. 받지 않는 상대에게 밤새 전화를 거는 일, 음성사서함을 듣기 위해 비밀번호를 알아내는 일, 그의 집에 몰래 들어가 청소를 하고 침대보를 바꾸는 일……. 동석이 사랑을 받아주었다면 벌어지지 않을 일들을 하면서 애련은 그런 자신에게 지쳐간다. 자신을 해치면서까지 동석에게 사랑을 요구하는 애련을 보고 동석의 애인은 이런 말을 하고 떠난다.

"사랑을 안다고 생각했는데, 점점 모르겠어. 누군가에게 한 사람이 그렇게 절실할 수 있다니……. 우리가 다시 예전처럼 될 수 있을까."

애련의 집착에 가까운 사랑에 지쳐버린 동석. 그녀만큼 동석을 간절히 바라지 않는다는 것을 알게 된 동석의 애인. 그들은 헤어진다. 애련은 그런 여자다. 동석이 비디오대여점에 들어서기 전, 동석이 애련을 알기 전, 그녀는 이미 동석을 유일한 사랑이라고 생각했다.

내가 상대의 존재를 알기 전에 이미 상대는 나를 사랑하고 있고 내 주변을 맴돌고 있다면 기분이 어떨까. 로맨틱 드라마라면 세기에 남을 만큼 멋진 사랑이야기가 될 것이다. 하지만 보통의 경우 그것은 무서울 만큼 잔혹한 집착처럼 보인다. 처음 동석에게 말을 걸던 그녀의 눈빛, 표정, 동작에는 '나는 당신을 사랑하고 있어요'라고 수천 번, 수만 번 되뇌었던 한 여자의 절박한 메시지가 담겨 있었다. 뒤늦게 그 사실을 알게 된 동석이 애련을 찾아가지만 그때는 이미 모든 것이 망가지고 난 후다.

우리는 언제 사랑을 느낄까. 닿을 듯 말 듯한 손끝의 감촉, 전기가 통한 것처럼 짜릿한 느낌, 만날 때마다 설레는 기분, 상대의 오뚝한 콧날, 훤칠한 키, 아름다운 실루엣, 매일 걸려오는 그 사람의 전화, 장난기 어린 목소리, 말투, 웃음소리…….

언젠가 우리가 사랑에 빠졌을 때를 떠올리면 그 단서를 조금은 찾을 수 있다. 하지만 사랑을 느꼈을 때를 찾으려 할수록 아이러니하게도 해답은 불투명해진다. 다만 나를 바라보는 눈빛이 따뜻하고 빛나보여서 이 사람이 나를 사랑하고 있다고 믿었던 순간들이 떠오를 뿐이다. 하지만 여전히 모호한 것은 그가 나를 먼저 사랑한 것인지 내가 그를 먼저 사랑한 것인지다.

문득 어릴 때 본 순정만화의 철부지 같은 한 여자가 떠올랐다.

화려한 연예계에 발을 들인 그녀는 감독에게는 잘 보이려고 갖은 애교를 부렸지만 광고 사진을 찍어주는 무명의 사진작가는 무시했다.

어느 날, 바닷가에서 촬영하던 중에 소나기가 쏟아졌고 수많은 스태프가 화려한 옷을 걸친 그녀를 보호하며 대피했다. 하지만 무명작가는 꼼짝도 않고 모래사장을 힘겹게 달려가는 그녀를 카메라에 담았다. 그녀는 흙탕물에 엉망이 된 자신을 찍으려고 한다며 무명작가를 욕하고 나무랐다.

얼마간의 시간이 흐른 후, 그때의 사진을 보게 된 그녀는 눈물을 흘렸다. 그 사진은 지금까지 그녀가 본 사진 중 가장 아름다웠다. 그것은 무명작가의 눈에 비친 그녀의 모습이었다.

"정말 간절히 원하면 왜 뭐든 이뤄진다고 하잖아요. 그럼 뭔가가 잘 안 될 땐, 정말 간절히 원하지 않았기 때문이잖아요. 간절히 원했는데 잘 안될 땐, 자기 자신한테 문제가 있는 거잖아요. 전 이런 걸 잘 알고 있다고 생각했거든요. 간절히 원했어요. 나한테 문제가 있는 건데, 난 다 알고 있는 건데……."

일이 잘 풀리지 않아 괴로워하던 동석의 대사다. 문제는 우리가 다 알고 있다고 믿는 데서부터 출발한다. 우리는 영영 사랑에 대한 어떤 것도 확신할 수 없는 존재는 아닐까.

태어난 이래로 자신은 줄곧 솔로라고 우기는 너, 사랑하고 헤어지고 상처받는 일을 반복하는 나. 우리도 사랑을 모르기는 마찬가지다. 그렇기에 우리는 사랑 앞에 겸손해야 한다.

어릴 적 소풍가서 보물찾기를 할 때 이곳저곳 열심히 찾아다녔던 때를 떠올려보자. 여기에 있을 거야, 하고 한참을 찾다가 여기가 아닌가 봐, 하고 아무렇지 않게 뒤돌아설 때. 그것은 포기가 아니라 다른 곳에 있을지도 모른다는 희망에 가까운 것이었다.

사랑을 할 때에도 그럴 수 있을까? 사랑인 줄 알고 뚜껑을 열었지만 어디에도 사랑의 응답이 없을 때 훌훌 털고 일어나서 사랑이 아닌가 봐, 하고 쉽게 돌아설 수 있을까? 그럴 수 없다.

사랑은 보물찾기가 아니다. 사랑은 그 어떤 것으로도 대체할 수 없는 것, 사랑은 그저 사랑인 것이다. 우리가 알고 있는 사실은 고작 이 정도가 전부다. 그러니 사랑이 뜻대로 이뤄지지 않는다고 절망하지 마라.

사랑은 같은 눈높이에서 시작된다

같은 눈높이로 바라보고자
하이힐을 벗을 때
그들의 사랑은
빛나기 시작한다.

하비의 마지막 로맨스를 본 후
Last Chance Harvey

나이 드는 일. 얼굴에 주름이 늘고 몸매가 흐트러지는 일. 자신보다 타인을 먼저 생각하느라 제대로 된 옷 한 벌 사 입지 않는 일. 한때 줄서서 바래다주겠다던 남자들이 하나둘 사라지는 일. 가만히 있어도 필요한 것들을 내오는 사람들이 왜 거치적거리게 거기 서 있느냐고 태도를 바꾸는 일.

내면의 숙성 말고 좋을 것이 없어 보이는 '나이 드는 일'은 두려운 것이다. 홀로 쓸쓸히 늙어간다면 우리는 꽤 우울할 것이다.

하비는 능력은 없지만 착한 남자였을 것이다. 아내를 사랑했고 자식들을 아꼈을 것이며 어떨 때는 너무 착해 사람들에게 무시당했을 것이다. 그와 비교되는 대상은 새아버지다. 그는 강하고 센스 있으며 자신감이 넘쳤다. 새로 산 양복의 가격표조차 떼지 못하고 딸과 사위의 파티에 참석한 하비의 모습과는 대조적이다.

세상 어딘가에는 나와 비슷한 상황에 놓인 사람이 살고 있을 것이다. 하비에게도 그런 존재가 있었으니, 그녀가 바로 케이트다. 언젠가 글을 쓰겠다는 꿈을 가진 그녀는 10분이 멀다하고 전화를 걸어대는 히스테릭한 엄마를 돌보느라 연애를 못했다. 그녀의 엄마도 그리 행복한 결혼생활을 하지 못했지만 딸이 연애하지 않는 것이 불만이다.

혼기를 넘긴 딸을 가진 부모가 간과하는 것이 있다. 조금 잔혹한 이야기지만 그들이 연애나 결혼을 하지 않는 혹은 못하는 데 부모가 한몫한다는 사실이다. 딸의 사생활을 간섭하거나 소개팅을 하는 줄 알면서 그때마다 전화를 해 훼방을 놓는 케이트의 엄마는 우리 주변에서 흔히 볼 수 있는 누군가의 엄마이기도 하다.

하지만 케이트 앞에 그녀만큼이나 딱한 하비가 등장한다. 또다시 무언가를 기대하게 될까 봐 두렵지만 그녀는 하비의 친절에 마음을 열고 어쩌면 이 남자는 다르지 않을까, 생각한다.

신뢰는 사람을 변화시킨다. 그녀를 만난 하비는 딸의 피로연에 갈 용기를 내고 그곳에서 자신의 솔직한 심정을 이야기한다. 딸을 얼마나 사랑하는지, 이 결혼식이 하비에게 얼마나 큰 의미인지, 딸과 아내의 곁에서 행복한 가정을 만들어준 새아버지에게 얼마나 고마운지. 하비를 보면 알 수 있다. 아무리 무능해 보이는 사람이라도 사랑을 하면 내면을 표현할 용기를 얻는다는 것을. 딸에게 사랑을 담아 말하는 하비는 피로연의 그 어떤 사람들보다 멋져 보인다.

중요한 것은 표면이 아니라 같은 눈높이로 바라보는 마음이다.

케이트보다 10센티미터나 작아 보이는 하비가 사랑을 고백할 때, 그와 눈을 맞추기 위해 그녀가 하이힐을 벗고 걸을 때, 그들은 반짝반짝 빛날 수 있다.

사랑의 열두 가지 조건

알면서도 속아주는,
엄마처럼 무조건적인,
이따금 다른 사랑과의 이별을 감수하는,
결코 놓지 않으리라 다짐하는,
우연인 듯 필연인, 싸우지 않는,
아픈 만큼 자라는, 함께 있을 수 있다는,
확인하지 않는, 그럼에도 확인하고 싶은,
그래서 자꾸 물어보는,
아니면 **내가 먼저 말하는 것.**
그것이 사랑이다.

굿바이 레닌
Good Bye, Lenin!
그을린 사랑
Incendies
지금 이대로가 좋아요를 본 후
Sisters On The Road

1. 거짓말

순도 백 퍼센트의 거짓말은 없다. 사랑하는 사람을 위해서만 거짓말을 했다는 말은 거짓이다. 거짓말을 하는 순간 나 자신을 위한 거짓말도 함께 시작된다는 것을 잊지 말아야 한다.

그 거짓말이 나쁘다고만은 할 수 없다. 거짓말에 속는 사람이 거짓말을 하는 사람의 마음을 충분히 헤아리게 된다면, 반대로 이 거짓말에 속는 사람이 사랑하는 사람을 지키기 위해 거짓말을 한 적이 있다면, 그 거짓말은 사랑이라는 이름으로 용서받을 수 있는 특혜가 된다.

열혈 사회주의자 어머니가 코마 상태에 빠진 후 독일이 통일됐고, 서구의 물결이 동독의 뼛속 깊이 스며들었을 때 어머니가 깊은 잠에서 깨어났다. 의사는 어머니가 다시 위독해질 수 있으니 어떤 충격에도 각별히 조심하라고 주의를 준다. 아들 알렉스는 어머니를 위해 통일 이전의 동독을 창조한다. 처음에는 어머니의 방만 유지하면 된다고 생각했지만, 차츰 주변 사람에게 각자의 배역을 정해주게 되고, 나중에는 뉴스까지 촬영해 외부의 세계까지 완벽하게 과거의 것 그대로 재연한다. 단순히 어머니를 지키기 위해서라 생각했던 알렉스는 거짓말이 깊어질수록 과거 동독이 추구했으면 했던, 그와 어머니가 간절히 바랐던 이상적 동독을 만들어간다.

어머니가 끝끝내 알렉스의 거짓말을 몰랐을까? 물론 아니다. 그녀는 알렉스의 새빨간 거짓말을 알게 됐음에도 죽는 순간까지 충실히 그 거짓말에 속아준다. 알렉스의 거짓말은 어머니를 사랑한다는 사실과 그 사랑의 힘으로 가상에서 만들고자 했던 알렉스의 꿈이었기 때문이다.

우리는 알렉스와 그의 어머니처럼 모를 것이라 여기며 끝끝내 거짓말하고, 알면서도 속는 척하는 행위를 이따금 반복한다. 사랑이라는 이름으로.

2. 엄마

세상 모든 존재는 엄마로부터 태어나, 엄마라고 말하면서 첫 관계를 형성한다. 모성애는 인간의 가장 오래된 감정이다. 그럼에도 세계는 이상과 현실 사이에서 갈등하며 전쟁고아를 만들어낸다.

태어나는 순간 난민수용소에 갈 수밖에 없었던, 그래서 유년의 모든 순간을 엄마를 찾아 헤맸던, 하지만 엄마를 찾을 수 없었던, 결국 전쟁광이 되어 엄마가 엄마인 줄도 모르고 폭력을 가했던 한 남자. 그의 인생에도 엄마가 필요했다.

참혹한 전쟁에서 죽을 만큼 고통스러운 고문을 견뎌내고, 그럼에도 살아야 했던 한 여자는 엄마라는 이름으로 사랑했고 증오했고 테러했고 아파했고 참회했고 또다시 사랑했다.

3. 절대 헤어질 수 없어

전쟁이 아니더라도 이별해야 할 순간은 우리에게 얼마든지 찾아온다. 알렉스의 가족처럼. 사회당원이 아니라는 이유로 차별받았던 아버지는 서독으로 망명한다. 그는 서독에서 가족을 기다리며 몇 번이고 그쪽으로 올 것을 애원하는 편지를 보냈지만, 엄마는 떠나지 못한다. 동독에서 두 아이와 함께 서독으로 넘어가려는 그녀를 가만둘 리 없기 때문이다. 잘못하면 당에서 두 아이를 데려갈지도 모른다는 두려움. 엄마가 사랑하는 아버지를 찾아가지 않은 것은, 아버지가 서독의 여자를 사랑하게 되어 아이들 곁을 떠났다고 거짓말한 것은 결국 두 아이와 절대 헤어질 수 없어서였다.

사랑은 함께 있고 싶다는 마음을 도저히 숨길 수 없는 것이다. 그리고 그 사랑은 이따금 다른 사랑과의 이별을 어쩔 수 없이 받아들이게 하는 딜레마를 품고 있다.

4. 꿈

어린 알렉스는 동독에서 처음으로 우주에 발을 디딘 '지그문트 얀'을 보며 꿈꾼다. 그 꿈은 비극적인 상황에서도 알렉스를 지켜준다. 하지만 대부분의 현실이 그렇듯, 우주비행사를 꿈꾸던 소년은 집집마다 TV 수신기를 설치하는 평범한 청년이 된다. 어느 날 택시기사가 된 얀에게 알렉스는 묻는다.

"저 위는 어때요?"

얀은 대답한다.

"아름다워. 하지만 집에서 너무 멀어."

사랑하기 위해 자신만의 꿈을 간직해야 한다. 그리고 그 꿈은 언제나 집에서 멀다. 지금 누군가를 사랑하는 사람에게 묻고 싶다. 그 사람이 바로 그 사랑이냐고. 아마 확신에 찬 얼굴로 답할 사람은 몇 없을 것이다. 언제나 사랑은 꿈처럼 멀기 때문에.

지금 내 눈 앞의 그 사람이 나의 사랑이라 말하지 못한다면, 당신은 진짜 사랑(꿈)을 가슴에 품고 그것으로부터 멀리 있는 눈앞의 사랑을 통해 결핍된 삶을 살아갈 것이다. 언젠가 진짜 사랑이 내게 온다면 이번에는 결코 놓치지 않으리라 다짐하며. 훗날 먼 사랑이 있어 눈앞의 사랑을 알지 못했네, 하고 고백할 것이다.

5. 간절히 바라던 우연

사랑하는 사람을 뜻밖의 장소에서 만났을 때를 대비해 할 말을 준비해둬야 한다. 알렉스의 누나는 버거킹에서 일하는 동안 아버지를 우연히 만난다. 그에게 뭐라 말했느냐는 질문에 그녀는 대답한다.

"버거킹을 찾아주셔서 감사합니다."

6. 전쟁이 없는 평화

이념과 종교와 상관없는 아이들이 이유도 모른 채 총부리를 겨눠야 하는 전쟁이 멈추지 않는 한, 어디에나 반쪽짜리 평화가 있을 뿐이다.

7. 아픔

사랑하지만 자신의 존재를 밝힐 수 없는 한 사람이 있었다. 언제나 가까이서 너를 지켜보고 있다고 말했던 그 사람은 "그게 바로 나야"라고 말할 수 없어 가슴 아팠지만, 아픈 만큼 사랑할 수 있었다.

삶은 때때로 견딜 수 없는 순간에서 출발해 지금 이대로가 좋다는 결론에 이르기 위한 여행을 떠나보낸다. 그 여정의 끝에는 아픈 만큼 성장한다는 평범하고 놀라운 반전이 숨겨져 있다.

8. 함께 있다는 것은 위대한 일이란다

삶이 곧 고통이었던 한 여자는 죽음에 이르러서야 사랑을 고백했다. 그리고 그녀의 쌍둥이 자녀들에게 "함께 있을 수 있다는 것은 위대한 일"이라는 가장 보편적인 사랑의 조건을 일러준다.

9. 너, 나 사랑해? 라고 묻질 않어

'정말, 사랑하는 사람들은 너, 나 사랑해? 묻질 않어'라고 시인 황지우는 '늙어가는 아내에게'에서 말했다.

10. 그럼에도 확인하고 싶은 것이다

사랑은.

11. 그래서 물어본다. 너, 나 사랑해? 라고

12. 그리고 네가 대답하기 전에 내가 먼저 말한다.

나, 너 사랑해, 라고.

지금 사랑하지 않고 살아가는 사람들은 무엇을 하든 행복하지 않다. 사랑의 대상이 사람이든 일이든 사람이든 사랑하지 않는 사람들은 행복하지 않다. 오늘 조금 더 행복해지고 싶다면 사랑하라.

인어공주가 가르쳐준 것

모든 것이
거품처럼 사라진다 해도
사랑과 **열정**은
영원하다.

벼랑 위의 포뇨
Ponyo On The Cliff
나는, 인어공주를 본 후
The Mermaid

이미라의 만화《인어공주를 위하여》에는 인어공주가 등장하지 않는데도, 제목이 '인어공주를 위하여'이다. 어른이 된 사람들에게 동화 속 인어공주는 늘 가슴 아픈 존재이기 때문이다. 만화가는 기억에서 지워지기 힘든, 오래 기억될 사랑이야기를 하고 싶었던 것이다.

안데르센의 인어공주, 과연 슬퍼했을까. 덴마크 등 북유럽 연안에는 아름다운 노랫소리로 뱃사람들을 홀린다는 인어의 전설 '로렐라이'에서 안데르센의 인어공주가 탄생했다.

열다섯이 되던 날, 바다 밖에서 왕자를 본 막내 인어공주는 폭풍우에 휩쓸린 왕자를 구하고 왕자를 사랑하게 된다. 인어와 인간의 사랑, 넘어서는 안 될 경계를 넘어설 때, 어쩔 수 없이 따라오는 것은 슬픈 결말이다.

인어공주는 자신의 목소리를 마녀에게 바친 대가로 인간의 다리를 얻지만 이웃나라 공주가 자신을 구했다고 믿은 왕자는 그 공주와 결혼했다. 인어공주의 언니들이 마녀에게 머리카락을 준 대가로 받은 단검을 막내 인어공주에게 건네며 "이 단검으로 왕자의 심장을 찌르고, 그 피로 발을 적시면 다시 인어가 될 수 있어"라고 말했지만 인어공주는 왕자를 죽이는 대신 바다 거품이 되었다. 자신을 구해준 사람이 인어공주라는 사실을 영원히 모른 채 살아갔을 왕자를 생각하면 그 어린 나이에도 나는 자다가 번쩍 일어날 정도로 분노했다. 대체 인간은 왜 이토록 바보 같을까. 진실로 자신을 위해주는 이가 누구인지도 분간할 줄 모르다니!

따지고 보면 세상에는 이런 일이 수도 없이 벌어진다. 지금 눈앞에 보이는 것이 진실이라고 믿는, 눈에 보이지 않는 것을 믿기에는 너무나 나약한 우리 인간들이 인어공주의 왕자와 같은 결정을 또다시 하지 말라는 법은 없지 않은가. 하지만 지금의 나는 어릴 때처럼 그 사실에 크게 분노하지 않는다.

대신 시럽 하나 들어가지 않은 씁쓸한 아메리카노를 마시며 "나이가 들수록 인생이 쓰다. 그래서 이게 맛있게 느껴져" 하고 농담을 건넨다. 그것이 어른이 동화를 받아들이는 법이다.

디즈니의 인어공주, 과연 행복했을까. 안데르센의《인어공주》의 결말이 백설공주나 신데렐라처럼 해피엔딩이었다면 우리가 이토록 오래 인어공주를 그리워할 수 있었을까. 물론 아니다. 백설공주나 신데렐라가 왕자와 결혼한 것이 행복한 생활로 이어지지 않았을 것이라는 재해석이 속속 등장하는 것을 보면 해피엔딩의 기준은 눈에 보이지 않는 진실만큼이나 모호하다.

해피엔딩의 강박관념에 시달리며 동화를 재창조하는 디즈니 제작진은 인어공주의 결말을 바꿨다. 마녀가 이웃나라 공주로 변해 원작에는 없는 선악 구조(원작의 마녀는 '악'이라기보다 거래를 성사시키는 존재에 가깝다)를 만들었다.

결국 마녀와 결혼하려던 왕자는 마녀의 정체를 알게 되고, 다시 목소리를 찾은 인어공주가 자신이 사랑한 여자임을 알게 된다. 인어공주가 바다 거품으로 소멸한 슬픈 결말에 대한 보상처럼 디즈니의 〈인어공주〉는 '왕자와 공주는 결혼해서 행복하게 잘 살았습니다'로 끝난다. 왕자와 함께 있는 디즈니의 인어공주가 겉보기에 행복해 보이지만 우리는 물방울이 되어버린 진짜 인어공주를 잃어버릴 것이다. 유년의 추억과 함께.

귀여운 인어공주 포뇨, 다섯 살 꼬마 소스케와 인간의 얼굴을 한 물고기 포뇨가 서로 좋아하게 된다는 설정은 '인어공주'에서 모티브를 가져왔다. 포뇨가 인간이 되려면 포뇨의 진짜 모습을 인정해주는 사람이 있어야 하는데, 그 역할을 담당한 사람이 바로 소스케다.

포뇨의 아버지와 어머니가 소스케에게 포뇨를 잘 부탁한다고 하자 소스케는 그러겠다고 약속한다. 소스케가 물거품 안에 들어 있는 포뇨에게 키스를 하면 포뇨는 다섯 살 여자아이가 된다. 헌데 지상에 올라온 후 키스를 하는 쪽은 포뇨다. 나는 소스케가 주변에 보는 눈이 있으니, 집에서 포뇨에게 키스를 할 것이라고 생각했기 때문에 소스케가 먼저 키스하지 않은 것에 큰 의미를 두지 않았다. 그런데 함께 영화를 본 친구들은 포뇨 부모님이 포뇨를 잘 부탁한다고 할 때 소스케 눈빛이 흔들렸다고 말했다. 결국 소스케가 먼저 키스하지 않은 것도 그 때문이라고 생각하는 친구도 있었다.

다섯 살 꼬마아이에게 평생을 돌봐야 할 대상이 생긴다는 것은 어떤 의미일까. 어른이 된 지금의 내가 벼랑 위의 포뇨를 이해하는 방식은 아이와 분명히 다르겠지? 소스케와 포뇨가 평생의 세월을 서로만 바라보고 살아야 한다면, 그게 깨어질 수 없는 상황이라면 다소 갑갑하기도 하겠지만, 그건 어른의 입장에서 바라봤기 때문에 드는 생각이다. 아이들이라면 조금 다른 시각으로 바라봤을 것이다.

소스케는 포뇨로 인해 평생 기억할 만한 아름다운 환상을 경험했다. 바닷속 세상 그리고 인어와 마법. 그 모든 것이 소스케 마음에 영원히 아름답게 남을 것이다. 그리고 앞으로 어린 두 아이가 어떤 인생을 살아가든지 우리는 응원해야 한다. 옛날에 읽었던 동화책의 주인공처럼 꼭 결혼을 해야 남녀가 행복한 것은 아니다. 포뇨가 먼저 다른 인간을 좋아하게 될 수도 있다. 아니, 바꿔 생각하면 다섯 살에 겪은 일을 소스케와 포뇨가 어른이 된 후에도 기억할 수 있을까.

《인어공주를 위하여》를 보면 인어공주가 나오지 않아도 자꾸 인어공주의 이미지가 떠오른다. 누가 봐도 순정만화에 등장할 것 같은 가녀리고 예쁜 여자아이 백장미. 아마도 그녀가 인어공주일 것이다. 그녀는 유년의 상처를 안고 살아가는 '서지원'을 사랑했다. 필사적이었다. 장미에게 늘 냉정하게 대하는 서지원이지만, 백장미는 조건 없이 그를 사랑했다. 맹목적이었다. 지원을 향한 장미의 마음이 너무 짙어 그것은 이따금 자신을 해치는 일로 이어졌다. 사고로 다리를 절게 되면서 장미는 지원을 억지로 묶어두려고도 했다. 그러나 지원은 어렸을 때 함께했던 '이슬비'를 마음에 담고 있었고 이슬비 또한 그러했다. 8년간 자신의 모든 것을 바쳐 지원을 사랑했던 장미이지만 10여 년의 세월을 기다려온 지원과 슬비 앞에서는 속수무책이었다.

그가 내게 물었지. 가장 감명 깊게 읽은 책이 무어냐고. 나는 대답했어. 그것은 안데르센의 《인어공주》. 그러나 인어공주 역할은 맡고 싶지 않다고 나는 또 웃으며 덧붙였지. 그가 마지막으로 내게 물었지. 가장 좋아하는 단어는? 그것은 사랑! 사랑이라고. 여전히 웃으며 나는 답했지. 웃는 모습이 좋다는 그 한마디 때문에 철없는 아이마냥 웃기만 했지.

_《인어공주를 위하여》의 '장미의 마지막 편지'에서

8년 동안 줄곧 지원의 곁을 지켜온 사람은 장미인데, 슬비는 유년의 한순간만 공유한 사람인데, 그럼에도 지원은 장미가 아닌 슬비를 만나고 나서야 세상을 향한 증오심을 버리고 예전의 마음 따뜻한 푸르매(서지원의 또 다른 이름)로 돌아간다. 만화가 이미라가 '인어공주'를 제목에 포함시키면서까지 하고 싶었던 이야기는 무엇일까. 왕자와 공주의 행복을 위해 인어공주가 바다 거품이 되어 사라진 것이 자기희생적인 숭고한 사랑이라고 말하고 싶었던 걸까. 그렇다고 하더라도 오랫동안 품어온 열정적인 사랑이 단 한순간에 무너져 내리는 것은 슬픈 일이다.

우리는 살면서 몇 번이나 사랑이 소멸하는 순간을 목격할 것이다. 그때마다 대체 지금껏 바쳐왔던 사랑에 대한 열정은 무엇이며 또 그것은 얼마나 무의미한가를 생각할 것이다. 그렇다면 인어공주의 슬픈 결말은 '사랑'이라는 감정을 간직한 채 사라졌으니, 사랑을 잃고 그 사랑이 아무것도 아니었노라 말하는 요즘 사람의 흔한 사랑을 위로한다.

우리를 둘러싼 이야기의 거대한 틀은 바뀌지 않는다. 조금씩 변형되고 그 성격이 바뀌지만 비슷한 설정과 동일한 주제로 다시금 우리 곁을 찾는다. 인어공주의 지고지순한 사랑은 언제나 예술창작의 모티브가 된다.

알리사라는 소녀가 있다. 예쁘지 않은데다 이상한 행동만 일삼는 그녀는 아멜리에처럼 귀여운 행동으로 사랑을 골인시킬 것 같지도 않다. 그럼에도 그녀는 그 어떤 캐릭터보다 독특하고 주체적이다.

알리사는 여섯 살 때 아버지가 기다려도 오지 않을 존재라는 사실을 알고는 이제 누구도 기다리지 않을 것이며 그와 동시에 영원히 입을 닫을 것을 결심한다. 주인공이 입을 닫는다는 사실에 당혹스러워할 필요는 없다. 알리사가 속으로 하는 생각들을 독백으로 처리했기 때문이다. 의사의 간곡한 노력에도 입을 열지 않은 알리사는 어느 날 강에 뛰어든 남자 사샤를 구하고 사랑에 빠진다. 그 후 알리사는 늘 그의 곁에서 그를 즐겁게 하기 위해 태어난 사람마냥 행동한다. 알리사는 다시 입을 열고, 장난치고, 웃고, 떠들고…… 또 열심히 사랑한다.

경쾌하고 밝은 음악, 화려한 영상 그리고 어디로 튈지 모를 알리사의 행동들은 인어공주를 닮은 비극적 결말을 예측할 수 없게 한다. 결론부터 말하자면, 이 영화의 결말은《인어공주》의 그것과 닮았다. 알리사의 말처럼 그런 일(비극)은 도심의 일상과 같다. 운명이라고 생각하면 놀랄 것도 없다.

진짜 억울한 사람은 바로 샤샤이다. 찾지 않아도 늘 나타나주었던 한 사람을 잃어버렸는데, 샤샤는 어디서 어떻게 그녀를 찾아야 하는지 알지 못한다. 심지어 그녀가 이 세상에 존재하는지 혹은 존재하지 않는지조차 알 수 없다. 어쩌면 그녀와 함께했던 시간이 진짜 있었던 일인지조차 의심스러울 것이다.

나는 그제야 안데르센의 원작에서도 왕자가 인어공주를 애타게 찾거나 혹은 그리워서 미쳐버리지 않았을까 하고 기대했다. 알리사가 말한 것처럼 우리 주변에는 내가 사랑하는 사람 혹은 나를 사랑하는 사람이 인어공주처럼 소멸하는, 그런 황당한 일이 일상처럼 벌어진다. 다만 우리는 그 사실을 영원히 모른 채 왕자와 이웃나라 공주, 이슬비와 서지원 그리고 샤샤와 그의 연인처럼 꾸역꾸역 일상을 살아간다.

아무리 우리가 인어공주를 좋아할지라도 현실에서 그 역할을 맡고 싶지는 않을 것이다. 사람 마음이라는 게 그렇다. 하지만 만약에 당신이 사랑하는 사람이 그 마음을 몰라줄 때, 당신이 인어공주의 역할을 맡아야 할 때에는 당신이 사라졌다는 사실에 그 상대가 오래오래 마음 아파하기를 바랄 것이다. 사라진 인어공주를 찾으며 왕자가 미쳐가기를 바랐던 내 모난 마음처럼.

비극을 담보로 하는
사랑이 있다

어느 날
성장해버린 안톤과 마주할 안나를
상상하는 일은,
이야기 속에서지만,
잔인할 만큼 **슬프다.**

꼬마 뱀파이어를 읽고
The Little Vampire : Moves In

셰익스피어의 《로미오와 줄리엣》을 읽은 사람들은 그것을 슬픈 사랑이야기로 기억한다. 그러나 뱀파이어가 읽는다면 조금 다른 생각을 하지 않을까. 앙겔라-좀머 보덴부르크의 《꼬마 뱀파이어》 동화 시리즈에 등장하는 안나라는 꼬마 뱀파이어는 《로미오와 줄리엣》을 이렇게 해석한다.

"두 사람은 결국 죽게 되잖아. 그리고 영원히 맺어졌어. 우리가 언젠가 그렇게 될 것처럼 말이야."

이미 죽음을 맞이하고 영원한 새 삶을 얻은 안나는 죽음이 두렵지 않다. 안나는 죽음 너머의 사랑이 더욱 갈급하다. 왜냐하면 안나는 뱀파이어이기 때문이다. 게다가 아이인 채로 죽어버린 꼬마 뱀파이어.

뱀파이어는 동화, 영화, 시트콤 등 다양한 장르에서 이용되는 단골손님이다. 그중 뱀파이어를 친밀하게 느껴지게끔 만드는 감성적 접근으로 볼 때, '꼬마 뱀파이어'는 가슴 아픈 이야기를 품고 있다.

뱀파이어의 이미지는 단순히 산 사람을 죽이는 망자에 머물지 않는다. 뱀파이어 역사를 거슬러 올라 하나하나 따지는 일은 더 이상 낯설지 않다. 그만큼 뱀파이어의 특성은 이미 많은 사람에게 알려져 있다. 그중 공포, 드라큘라, 흡혈귀 같은 어두운 면 속에 뱀파이어에게는 영원불멸이라는 매력적인 자극제가 늘 붙어 다닌다. 여기서 좀 더 감성적으로 접근하면 뱀파이어가 영원불멸하기 때문에 따라오는 절대적 고독이 눈에 띈다. 게다가 인간성까지 덧붙인다면 (뱀파이어도 이전에는 사람이었으므로) 뱀파이어만큼 로맨틱한 문화 코드가 또 있을까.

뱀파이어 이야기를 좋아하는 안톤이 어느 날 꼬마 뱀파이어 뤼디거를 만나 모험을 펼친다. 그중 흥미로운 캐릭터는 뤼디거의 동생 안나다. 안나는 어릴 때 뱀파이어가 되어서 아직 송곳니가 제대로 자라지 않았지만 훌륭한 뱀파이어가 되는 꿈을 지녔다. 그러나 안톤이 좋아지면서 안나는 송곳니가 자라는 것도, 인간의 피를 마시는 것도 싫어졌다. 뱀파이어가 좋아하는 향기는 썩은 냄새나 곰팡이 냄새인데도 안나는 안톤을 위해 장미꽃으로 향수를 만들어 뿌린다.

바꿔서 생각하면 사람이 싫어하는 냄새가 뱀파이어에게는 향기가 되고, 뱀파이어가 싫어하는 냄새가 사람에게는 향기가 되는 것이다. 안나는 안톤이 너무 좋은 나머지 자신이 좋아하는 향기를 포기한다. 안나의 기준은 자신이 무엇을 좋아하느냐가 아니라 안톤이 어떻게 하면 기뻐하느냐다. 이따금 그것이 치명적인 해가 되는데도 안나는 기꺼이 안톤이 좋아할 것들을 받아들인다. 안나는 로미오와 줄리엣처럼 영원한 죽음으로 사랑을 완성하고 싶지만, 아직 어린 안톤에게 그것은 너무 먼 이야기다.

어느 날 성장해버린 안톤과 마주할 안나를 상상하는 일은, 이야기 속에서지만 잔인할 만큼 슬프다.

농도 짙은 사랑은 핏자국을 남긴다

하얀 눈 위에
흩어진 핏자국은
잔인하기보다
오히려 **따뜻**하다.

렛미인을 본 후
Let Me In

친구들에게 따돌림당하는 소년 오스칼은 눈 내리는 어느 날, 이엘리라는 소녀를 만난다. 오스칼은 빛이 사라져야 만날 수 있는 이엘리가 열두 살쯤 된 자기 또래의 평범한 아이가 아니라는 사실을 알게 된다. 그러나 때는 이미 늦었다.

오스칼은 마음속 깊이 뱀파이어인 이엘리를 사랑하기 시작했다. 달콤한 것은 뱀파이어에게 독이 되는데도 이엘리는 오스칼이 건넨 사탕을 먹었고, 오스칼이 외로울 때 곁에 있었다. 그런 따뜻함이 오스칼의 마음을 움직였다.

하얀 눈 위에 흩어진 핏자국은 잔인하기보다 오히려 따뜻하다. 아름다운 오스칼의 모습 이면에 감춰진 외로움과 슬픔 그리고 영원히 아이의 몸으로 머물러야 하는 이엘리의 성장통 사이에서 안톤과 안나의 경우와는 조금 다른 결말을 상상했다. 오스칼과 이엘리의 사랑은 그들의 것보다 농도가 짙기 때문에.

꼬마 뱀파이어가 사랑에 빠지면

그들의 사랑이
비극으로 끝날 수밖에 없었던 것은
시간이 흘러도 **정지된**
그들의 **모습** 때문이다.

뱀파이어와의 인터뷰를 본 후
Interview With The Vampire

뱀파이어로 살기에 너무나 인간적이었던 루이는 어느 날 페스트에 전염된 엄마 곁에서 울고 있는 소녀 클로디아를 만난다. 루이를 뱀파이어로 만들었던 레스타트는 클로디아를 뱀파이어로 완성시킨다. 몇 백 년을 고독 속에 살았던 어른 뱀파이어들에게 클로디아는 딸이자 훌륭한 제자였다. 배고픔을 참지 못하는 클로디아는 레스타트보다 더한 살인마가 되어 인간의 피를 섭취한다. 그러기를 30년이 지나, 클로디아는 늘 그대로인 머리카락과 자라지 않는 키에 의문을 품는다. 영원히 죽지 않지만 영원히 성장할 수 없는 뱀파이어의 법칙은 매력인 동시에 비극이다.

클로디아는 루이를 사랑했다. 아버지를 대하듯, 연인을 대하듯. 그럼에도 그들의 사랑이 비극으로 끝날 수밖에 없었던 것은 시간이 흘러도 정지된 그들의 모습 때문이다.

영원한 열여섯의 비극

나이 드는 일이 두렵다지만
영원히 어린아이로
살아가는 일보다는 덜하다
우리가 영원불멸의 뱀파이어를
상상해낸 것도 그 때문이다.
때로 우리는
절대 벌어질 수 없는 일을 **상상**하며
현재의 **고민**을 덜어내기도 한다.

안녕, 프란체스카를 본 후
Hi, Francesca

프란체스카 뱀파이어 일당은 현실세계와 끈끈하게 연결되어 있다. 기존 뱀파이어의 규칙을 모조리 파괴한 것이다. 멸족 위기에 몰린 뱀파이어들이 인간세계에 숨어 지내기 위해 안전가옥을 찾다가 길을 잃어 한국에 정착했다. 그들 중 가장 냉정해 보이는 프란체스카가 어리바리한 인간 '두일'을 물어 뱀파이어로 만든다.

그들은 환한 대낮에도 돌아다닐 수 있고, 인간처럼 살기 위해 아르바이트를 하며 생활고에 시달렸다. 페스트 전염으로 닭피만 먹고 자라 정신연령이 낮은 켠이나 화려한 패션과 쇼핑을 좋아하는 엘리자베스는 뱀파이어보다 사람을 닮았다.

하지만 공포영화를 보면서 깔깔 웃고, 사람을 죽이는 장면을 보면 자지러지게 좋아하고, 검은 옷을 즐겨 입는 그들의 모습은 영락없는 뱀파이어다.

그들 중에도 꼬마 뱀파이어가 있는데, 왕고모 소피아다. 열여섯 살에 뱀파이어가 되어 열여섯 살의 모습 그대로다. 어느 날 엘리자베스(나이로는 소피아보다 어리지만 어른의 몸을 가진 뱀파이어)는 소피아와 다투다가 이렇게 말한다.

"왕고모(소피아)가 어른이라고? 2천 살이라고? 착각하지 마. 왕고모는 열여섯 살이야. 열여섯 살인 채로 2천 년을 살아왔을 뿐이라고. 앞으로도 영원히 열여섯 살일 뿐이야. 이런(어른) 옷도, 이런 구두도 못 신는 열여섯 살이야…… 죽을 때까지 열일곱 살이 될 수 없어."

마음에 상처를 입은 소피아가 집을 떠나려는 순간 엘리자베스를 포함한 다른 뱀파이어들이 열일곱 개의 초가 꽂힌 케이크를 들고 나타난다. 열일곱 번째 생일을 축하하며 엘리자베스가 굽이 높은 구두를 선물로 주자 소피아의 눈에 눈물이 맺힌다.

"스무 살 생일에는 드레스 선물해줄게"라는 엘리자베스의 말에 소피아는 감동한다. "잠시라도 내가 되어봐"라고 말한 이엘리의 말처럼 간절했기에.

뱀파이어 이야기에는 다양한 규칙들이 존재한다. 영원불멸하기에 그 모습 그대로 유지한 채 죽었지만 살아야 하는 아이러니한 존재로 남아야 한다. 어떤 뱀파이어는 사람의 마음을 읽을 수 있고, 초대받기 전에는 타인의 집에 들어가지 못한다.

바로 이런 것들이 뱀파이어로 감성적 이야기를 만들어낼 수 있게 돕는 코드가 된다. 늙어 죽더라도 성장하는 인간으로 남고 싶은 안톤을 좋아하게 된 안나, 오스칼이 늙어가는 것을 지켜봐야만 하는 이엘리, 성숙한 여인이 되어 루이에게 사랑을 속삭이고 싶은 클로디아, 등이 움푹 파인 이브닝드레스를 입고 싶은 소피아…….

어쩌면 그들은 슬픔을 인내하는 고독 속에서 살고 있을지도 모른다. 고독이 영원하다면 그것만큼 큰 고통이 또 있을까. 하지만 그들의 고통에 우리가 공감하는 것은 영원히 고독하게 살아야 하는 자와 죽음을 담보로 한 유한한 삶을 사는 자가 공존하는 것에 매력을 느끼기 때문이다.

때로 우리는 절대 벌어질 수 없는 일을 상상하며 현재의 고민을 덜어내기도 한다.

길들인다는 것

"그건 관계를 맺는다는 거야. 넌 내게 아직 수많은 다른 아이와 다를 게 없는 어린 아이에 불과해. 그래서 나는 네가 없어도 괜찮아. 너 또한 내가 없어도 상관없지. 네가 보기에 나는 수많은 여우와 다를 게 없는 여우에 불과하니까. 그러나 네가 나를 길들인다면 우리는 서로를 필요로 할 거야."

_《어린 왕자》에서

당신의 취향은 안녕하십니까

타인의 취향은
그 사람의
고유한 것이다.

타인의 취향을 본 후
The Taste Of Others

카스텔라는 콧수염을 기른, 어딘지 모르게 딱딱해 보이는 중년 남자다. 먹는 게 오직 삶의 즐거움인, 문화라고는 눈곱만큼도 즐기지 않는 사람이다. 그런 그가 회사 업무상 필요한 영어 때문에 어쩔 수 없이 과외를 받아야 할 처지에 놓인다.

마흔이 넘은 연극배우 클라라는 20대에는 삶이 즐거웠고 도전이라는 이름으로 돈 없이도 버틸 수 있었다. 하지만 마흔 살을 넘긴 그녀는 아직도 집세를 걱정해야 하는 자신을 측은히 여기며 연극배우로 활동하는 동시에 부업으로 영어를 가르친다.

이 둘의 만남은 스승과 제자, 그러니까 영어 과외에서 출발한다. 카스텔라는 첫날부터 뭐든 영어로 말하라는 클라라가 못마땅하다. 영 찜찜한 첫 만남 이후, 카스텔라는 그의 아내 앙젤리크에게 끌려 연극을 보러 간다. 그리고 그곳에서 비극의 여주인공을 맡은 클라라를 다시 만난다.

카스텔라는 지금까지 느껴본 적 없는, 예술이란 것을 하는 저 여자를 보며 설렘을 느낀다. 그만두려던 영어 과외를 계속하는 것은 물론 재차 연극을 보러 가며 클라라 주변을 맴돈다. 덕분에 그림을 그리는 클라라의 친구를 알게 되고 자신이 좋아하는 그림이 어떤 것인지 알게 된다.

한편 인테리어 코디네이터인 카스텔라의 아내 앙젤리크는 카스텔라의 여동생이 마련한 새 집을 마음대로 바꿀 정도로 자신의 취향을 강요한다. 여동생이 벽을 녹색으로 칠하겠다고 하면 카스텔라는 포근한 분홍색이나 꽃무늬를 칠하라고 말하는 식이다. 세상 사람들은 가까운 사람과 한 번쯤 혹은 그보다 자주 이런 강요를 받거나 강요한 적이 있을 것이다. 그리고 한 번쯤 혹은 그보다 자주 싸웠을 것이다.

앙젤리크는 타인이 자신의 취향에 따르지 않는 것을 견디지 못한다. 그렇기에 그녀는 카스텔라가 태어나 처음으로 (정말이다. 직접 뭔가를 사서 장식한 건 이번이 처음이다) 침실에다 걸어놓은 그림을 치워버린다. 카스텔라는 한 번도 집 안 인테리어에 참견하지 않았다. 클라라를 만나기 전까지 자신이 무엇을 좋아하는지 알지 못했고 관심도 없었기 때문이다. 돈 버는 일과 달콤한 음식을 찾는 일이 전부였다. 오랫동안 연극과 문학에 빠져 살아왔던 클라라는 그런 카스텔라를 한심하게 여겼다. 하지만 카스텔라는 클라라의 연극을 보고 감동한다. 그녀의 목소리, 몸짓, 눈물이 그의 마음을 움직였고, 그때부터 생전 보지 않던 연극이 좋아지기 시작했다. 그러자 이상하게도 전시회를 다니며 좋아하는 그림을 사고 클라라의 친구들과 어울리는 일이 즐거워졌다.

누군가를 좋아하게 되면 모르는 사이 자기 안에 잠재된 새로운 것들을 발견하게 된다. 하지만 좋아하는 마음에는 대가가 따른다. 더군다나 그 마음이 깊어지면 좀 슬퍼지기도 한다. 좋아하는 감정은 생각보다 원활하게 소통되지 못할 때가 자주 있기 때문이다.

한 사람이 다른 한 사람에게 마음을 전할 때 다른 한 사람이 그것을 받아들일 준비가 되어 있지 않다면, 그 사람은 어쩔 수 없이 실연의 아픔을 간직해야 한다.

카스텔라는 클라라에게 자신의 마음을 고백하지만 거절당한다. 카스텔라의 마음은 아프고 쓰라렸다. 그러나 이제 그는 더 이상 이전의 그가 아니다. 이제 그는 연극을 보고 감동할 수 있고, 자신이 좋아하는 그림을 선별할 수 있으며, 부하 직원을 인격적으로 대할 수 있는 사람이다.

카스텔라의 변한 모습은 사람을 한때의 취향에 따라 분류하는 일이 얼마나 위험한지를 보여준다. 서로가 다를 뿐인데 나와 같지 않다고 해서 많은 사람을 궁지로 몰았다면 반성해야 한다.

얼마 후, 클라라는 카스텔라의 변한 모습을 보고 그제야 마음을 연다. 여기서 '마음을 연다'는 것은 카스텔라가 자신만의 문화를 소유하고 있다는 것을 존중하게 됐다는 뜻이다. 한 사람이 다른 한 사람을 취향으로 평가하는 일은 옳지 않다. 취향은 고유하며, 때와 경우에 따라 바뀔 수 있는 가변적인 것이기 때문이다.

하지만 우리는 이따금 그런 실수를 하게 되고 반성을 반복한다.

그것이 우리의 삶이다.

친구가 되는 법

그의 손이 가위라서
남의 머리를 쓰다듬지 못하면
우리가 쓰다듬으면 된다.

가위손을 본 후
Edward Scissorhands

《어린왕자》에서 여우는 친구가 되자고 제안한 어린왕자에게 말한다. '길들여지지' 않아서 친구가 될 수 없다고. 어린왕자가 '길들인다'의 뜻을 이해하지 못하자 여우는 "그 말이 흔히 소홀히 여겨지고 있지만" 하고 긴 이야기를 시작한다.

"그건 관계를 맺는다는 거야. 넌 내게 아직 수많은 다른 아이와 다를 게 없는 어린 아이에 불과해. 그래서 나는 네가 없어도 괜찮아. 너 또한 내가 없어도 상관없지. 네가 보기에 나는 수많은 여우와 다를 게 없는 여우에 불과하니까. 그러나 네가 나를 길들인다면 우리는 서로를 필요로 할 거야. 너는 이 세상에서 단 하나의 유일한 존재가 될 것이고, 너에게 나 역시 이 세상에서 유일한 존재가 될 거야. 네가 나를 길들인다면 나의 생활은 태양이 빛나듯 밝아질 거야. 다른 사람의 발자국 소리를 들으면 나는 땅 속으로 숨지만, 네 발자국 소리를 들으면 마치 음악을 들은 것처럼 굴에서 뛰어나올 거야. 저기를 봐! 저기 밀밭이 보이지? 나는 빵을 먹지 않아. 그래서 나에게 아무 소용도 없어. 밀밭은 나에게 기억나게 하는 것이 전혀 없지. 그건 슬픈 일이야. 너의 머리카락은 금빛이야. 네가 나를 길들여주면 그건 대단한 일이 되는 거지. 황금빛 밀을 보면 네 생각이 나겠지. 그러면 밀밭에 부는 바람소리를 사랑하게 될 거야. 늘 네가 같은 시간에 오면 더 좋을 거야. 가령 네가 오후 네 시에 온다면 나는 세 시부터 행복해질 거야. 시간이 흐를수록 더 행복해질 거야."

사람과 사람이 서로를 길들이는 일.

관계 맺기의 시작이다.

겉은 밝고 화사하지만 속은 검은 이기심으로 가득 찬 세상. 낯선 누군가의 등장에 선뜻 호의와 호기심을 보이지만 그가 약간의 실수만 저질러도 가차 없이 헐뜯고 처단하는 잔혹한 세상. 그곳이 우리가 사는 세상이다. 그리고 가위손을 가진 에드워드는 그 낯선 누군가다.

어느 날 음침한 성에서 홀로 지내던, 가위손을 가진 에드워드가 파스텔 마을로 내려온다. 마을사람들은 수군덕거리면서도 남들과 다른 에드워드를 호기심어린 마음으로 받아들인다. 그 마음은 피상적인 것이다. 사람들은 새로운 종류의 구경거리가 생긴 것처럼 관심을 갖지만 결정적인 순간에 에드워드를 외면한다.

에드워드는 가위손 때문에 사랑하는 사람이 다칠까 봐 마음 놓고 안지 못하고, 누군가를 도와주려다 오히려 상처를 내고, 심지어 자기 얼굴에까지 상처를 낸다. 가위손은 에드워드가 타인에게

다가가기 어렵게 하는 방해물이지만 가위손은 에드워드에게만 있는 것이 아니다. 마을 주민들 또한 가위손을 가지고 있다. 다만 보이지 않을 뿐.

에드워드의 가위손은 겉으로 상처를 내지만 사람들의 가위손은 마음에 상처를 낸다. 그것은 사람들이 스스로를 보호하기 위해 만든 장치이기도 하고 자신의 이익을 챙기기 위한 수단이기도 하다. 잘 숨겨두었다가 유용하게 써먹지만 정작 타인이 도움을 필요로 할 때는 타인과의 관계를 잘라버리는 데 사용한다. 그것은 서로에게 상처를 주는 일이다. 에드워드는 가위손(가시적인 것) 때문에 관계 맺기에 실패하지만 우리는 눈에 보이지 않는 가위손 때문에 관계 맺기에 실패한다.

에드워드는 마을에서 쫓겨나 성으로 돌아가고, 그를 안쓰럽게 여긴 킴이 뒤따른다. 그의 손이 가위라서 마음 놓고 안지 못하는 것이 문제라면 조심스럽게 살포시 안으면 되고, 손끝이 날카로워서 남의 머리를 쓰다듬지 못하면 우리가 쓰다듬으면 된다. 킴은 우리를 대신해 그 일을 한다. 에드워드를 살포시 안아주고 따뜻이 위로한다.

관계 맺기가 무엇인지 몰랐던 어린왕자를 닮은 에드워드, 어린왕자에게 길들이는 법을 가르쳐준 여우를 닮은 킴. 에드워드는 그렇게 킴을 통해 새롭게 태어난다. 단 한 사람으로부터 받은 온전한 믿음과 사랑은 놀라울 만큼 대단한 치유력을 갖고 있어서 전혀 회복될 것 같지 않은 마음의 상처가 말끔히 사라지게 한다. 그 놀라운 경험은 에드워드가 혼자 남아도 외롭지 않은 존재로 만든다.

눈이 내리지 않던 파스텔 마을에는 에드워드가 다녀간 후부터 하얀 눈이 내리기 시작한다. 에드워드는 아름다운 눈을 뿌리며 킴을 생각한다. 그녀가 보고 있을 거라고. 새하얀 눈은 에드워드가 킴에게 보내는 사랑이다. 킴과 에드워드가 영원히 다시 만날 수 없을지라도 눈이 내릴 때마다 킴은 에드워드를 생각할 것이다.

이제 할머니가 된 킴은 그 따뜻한 이야기를 손녀딸에게 들려준다. 언젠가 그 손녀딸은 또 다른 외로운 존재에게 그 마음을 전할 것이다. 사랑은 그렇게 한 사람이 다른 사람에게 전하는 것이므로.

더 이상 만나지 않는 인연일지라도 킴이 에드워드에게, 여우가 어린왕자에게 전해준 마음처럼 한 사람이 다른 한 사람에게 전한 마음은 세상 어디에든 영원히 남아 있다.

아름다운 관계 맺기

그녀가 그를 찾아
그토록 열심히 달린 이유는
세상으로부터 외면당한 사람들의
마지막 끈, 희망!

김씨 표류기를 본 후
Castaway On The Moon

몇 달째 수염을 깎지 않고 너덜너덜한 옷을 입은 한 남자가 63빌딩으로 향하는 버스에 올라탔다. 주머니에서 겨우 지갑을 찾아 교통카드를 찍고 감격과 회한이 교차하는 울음 섞인 표정을 지었다. 그때 잠옷처럼 생긴 옷을 입은 한 여자가 두리번거리며 누군가를 찾았다. 그가 탄 버스에 그녀의 시선이 꽂혔다. 죽을힘을 다해 달려보지만 결국 버스는 출발했다.

그 둘의 수상한 관계를 알기 위해 앞뒤 상황을 살펴보자. 능력 없는 게 못된 것보다 더 나쁘다는 요즘 같은 세상에 능력 없이 살아가는 남자 김씨는 결국 자살을 선택했다. 그런데 능력이 없다 해도 이건 좀 너무한 것 아닌가 싶을 만큼 무력한 그 남자는 자살조차 성공하지 못한다. 한강에 뛰어내렸는데 눈을 뜨니 자그마한 섬에 착륙한 것이다. 김씨는 기왕 이렇게 된 거 이곳에서 한번 살아보기로 작정한다. 다소 우스꽝스럽고 터무니없는 상황이지만 그것은 그가 처음으로 자기 자신을 위해 내린 결심이다.

카드 값에 저당 잡힌 인생에다 실직에 실직을 거듭한 그에게 세상과의 단절은 오히려 스스로에게 집중할 수 있는 기회를 제공했다. 그 섬에서는 아주 작은 것에서 희망을 찾는, 온전히 자기 자신을 위한 일상들이 그를 맞았다. 겉보기에는 외롭고 쓸쓸해 보일지라도, 김씨는 오히려 몸을 움직여 자급자족하는 게 행복했다.

한편 여자 김씨는 무슨 이유에선지 방 안에서 한 발짝도 나가지 않았다. 그녀의 즐거움은 오로지 달을 관측하는 일이었다. 그녀에게 새로운 볼거리를 제공한 것은 다름 아닌 남자 김씨였다. 그녀는 그를 외계 생명체라 상상했다. 그녀처럼 그 또한 세상과의 단절을 통해 외로움을 달래는 존재였기 때문이다. 비슷한 처지에 놓인 사람들은 특별한 접촉 없이 친해질 수 있다. 여자 김씨는 남자 김씨가 작고 사소한 것에서 희망을 찾은 데 공감했고 그녀도 그가 그랬던 것처럼 잊고 있던 자기 안의 희망을 끌어냈다.

그녀가 그를 찾아 열심히 달린 이유는 그 때문이다. 세상으로부터 외면당한 사람들의 마지막 끈, 희망! 없는 줄 알았는데, 그 사람을 보니 있을지도 모른다고 생각한 것이다. 사람들이 지나는 거리에서는 한 발짝도 내딛지 못했던 그녀가 밝은 대낮에 집을 나선 것이 그 희망의 증거다.

두 김씨에게 공감할 수 있다면 그것은 우리 또한 그들과 비슷한 상황에 놓인 적이 있기 때문이다. 회사를 박차고 나왔지만 어쨌든 실직, 그때부터 걸려오는 전화는 카드사에서 권유하는 대출 서비스. 그렇다면 남자 김씨 혹은 여자 김씨처럼 될 가능성이 다분하다.

두 김씨의 상황은 우스꽝스럽지만 그 내면은 관계의 재정립이다. 우리는 한동안은 인터넷을 통해 나를 과시하고 행복한 척 과장할 수 있지만 결코 타인과의 관계를 끊고 살아갈 수 없다. 타인을 거울삼아 내면의 아픔을 비추고 함께 슬퍼하고 함께 희망을 찾아가는 '관계 맺는 존재'이기 때문이다.

때로는 풍경처럼 그 자리에 머물러라

그저 가까운 누군가가 **바라보는** 시선,
그리고 한 자리에서 **기다려주는** 마음,
그것으로 충분하다.

조용한 혼돈을 본 후
Caos Calmo

삶은 때때로 질문을 던진다. 왜 하필 우리에게 이런 일이 벌어졌을까. 그러나 아무도 답하지 않는다. 삶은 질문을 던진 사람만이 그 질문에 답하게 한다.

가을의 문턱, 한 남자가 학교 앞 벤치에 앉아 있었다. 그의 이름은 피에트로. 사람들이 찾아왔다. 그에게 말 걸고, 인사하고, 손짓하고, 포옹했다. 쉬는 시간 종소리가 울리면 딸 클라우디아가 2층 창가에서 반갑게 손을 흔들었다. 그가 학교 앞을 떠나지 않는 이유는 단 하나, 클라우디아 때문이다.

한 쪽이 아프면 다른 한 쪽의 아픔은 잠시 생각을 바꾸어 쉰다.

_김은정의 시 '해변의 엘레지'에서

한 명이 행복하면 다른 한 명은 슬프다. 그것이 감정의 공식이다. 누군가 얻고 누군가는 잃지만 전체는 똑같다.

_영화 〈애프터 미드나잇〉 대사에서

갑자기 피에트로의 아내가 죽었다. 바닷가에서 피에트로가 누군가의 생명을 구해준 날이었다. 삶과 죽음이 교차했던 아이러니한 순간을 그도 견디기 힘들었을 텐데, 그는 아무렇지 않은 듯 클라우디아의 곁을 지키려고 매일 학교 앞에서 꼼짝하지 않은 것이다.

피에트로는 아내의 죽음을 애통해하거나 눈물로 호소하지 않았다. 죽어가는 아내의 곁이 아니라 이름 모를 사람을 구했던 그 순간을 있는 그대로 받아들였다. 다만 학교 앞에서 딸의 수업이 끝날 때까지 '내가 타본 항공사 목록'이라든지 '내가 감히 바라볼 수 없는 목록'을 생각하며 보냈다.

그가 그렇듯 클라우디아도 여느 날과 다르지 않은 모습으로 지냈다. 아이들은 부모의 감정을 이어받기 때문에 어느 연령까지는 부모의 복사본이나 다름없다. 그러므로 자녀 교육에서 중요한 것은 아이에게 부모의 감정이 아닌 자신의 감정을 드러내게 하는 것이다.

클라우디아의 무덤덤한 행동이 사실은 자신의 탓임을 피에트로도 알게 됐다. 그제야 그는 아내를 잃고도 표출되지 않은 억눌린 슬픔이 어느 순간 돌출하는 것을 느꼈다. 그 슬픔은 너무 오래 꽁꽁 숨겨둔 심연의 것이었다.

인간이 뜻하지 않은 불행을 있는 그대로 받아들일지라도, 그래서 겉으로는 아무렇지 않아 보이더라도, 그 시간과 과정 안에는 우리가 해석할 수 없는 혼돈이 잠재하고 있다. 혼돈은 불행을 겪는 사람이라면 누구나 통과해야만 하는 과정이다. 그럼에도 피에트로가 견딜 수 있었던 것은 클라우디아를 위해 묵묵히 언제나 한 자리에 머물렀기 때문이다.

클라우디아는 아빠가 학교 앞에서 수업이 끝날 때까지 기다리겠다 말한 날의 수업 시간에 배운 '회문(回文) 법칙(앞으로 읽으나 뒤로 읽으나 그 소리나 의미가 같은 것: Rats live on no evil star 쥐들은 나쁜 별에 살지 않는다)'을 오래 생각했다. 클라우디아의 반 아이들은 저마다 회문 법칙을 재미있게 적용했다. 먹는 것, 나중에 다시 싸야 되니까. 더러운 것, 다시 씻어내야 하니까. 하지만 되돌릴 수 없는 일을 겪은 클라우디아에게 회문 법칙은 그리 단순한 것이 아니었다.

피에트로가 처음 학교 앞 벤치에 앉아 있던 가을이 지나고 첫눈이 내리던 날, 클라우디아는 조심스레 자신의 생각을 아빠에게 말한다.

"아무리 좋은 일도 두 번은 안 일어나. 되돌릴 수 없으니까. 아빠가 계속 여기 있을 순 없잖아?"

회문 법칙으로 되돌릴 수 없는 일(엄마의 죽음)과 되돌릴 수 있는 일(아빠가 회사로 돌아가는 것)을 이해하게 된 클라우디아는 지금이 아빠가 자신의 자리로 돌아갈 때임을 알려준다. 피에트로는 보일 듯 말 듯한 쓸쓸한 미소를 머금고 학교를 떠난다.

상처를 치유하는 데는 커다란 계기나 사건이 필요한 게 아니다. 그저 내 가장 가까운 누군가가 바라보는 시선, 그리고 한 자리에서 기다려주는 마음, 그것으로 충분하다.

나는 몇 년 전 통영에서 만난 아줌마를 기억한다. 햇볕에 그을린 얼굴, 상처투성이 손, 펑퍼짐한 엉덩이, 딸을 사랑하는 엄마의 마음이 담긴 눈동자 그리고 언제나 그 자리에 있겠노라 장담했던 당당한 목소리. 언젠가 낯선 이국땅에서 혼자 살 때, 큰 나무들을 보며 풍경이 아름다운 것은 그 자리에 있기 때문이라고 생각했던 때가 있다. 외로운 시간을 견딜 수 있었던 것은 그 풍경 때문이었다. 풍경이 그럴진대 하물며 사람이 언제나 그 자리에 있다니!

"달이 있으면 밤이고 없으면 낮이야.
이곳에선 그렇게 시간을 구분해.
바닷가에서 일하면 생활이 참 단순해지거든."

그때 아줌마는 내게 내년에도 통영에 오면 이곳에 놀러오라고 했다. 그 자리에서 미끼를 끼우고 있을 거라고 장담했다. 사람이 늘 그 자리에 있다는 것은 참 멋진 일이다.

누군가 어디에서
당신을 기다린다

한 사람이 다른 한 사람을 기다리는 일,
숱한 세월 동안 한 사람만을 위해
흔들림 없이 한 자리에 **머무르게 하는 힘**은
과연 어디에서 오는 것일까.

돌스를 본 후
Dolls

젊은 시절 그는 사랑이 사치라 생각했다. 그녀를 떠날 때 그는 그것이 옳은 선택이라 믿었다. 긴 세월이 흘러 그의 머리가 희끗해지고 이제는 권력 혹은 남자가 가질 수 있는 세상의 재력이 헛된 것임을 깨달았을 때, 그는 그가 그랬듯 "여자는 방해만 될 뿐"이라 말하는 젊은 부하와 마주했다. 그는 오래된 기억 속을 헤집는 그 말을 따라 집요하게 잊힌 기억을 떠올렸다.

어느 공원 벤치에서 젊은 그는 그녀에게 이제 다시 이곳에서 만나지 못한다 말했다. 붉은 원피스를 곱게 차려입은 그녀는 고개 숙이고 눈물을 흘렸다. 얼마만큼의 세월이 흘렀을까. 물리적으로 그 순간이 잠시뿐이라 하더라도 그와 그녀에게는 영원처럼 아득하고 멀게 느껴졌으리라. 잠시 후 그가 자리에서 일어났다. 뒷모습을 보이며 걸어가는 그를 향해 그녀가 말했다.

"난 널 기다릴 거야. 점심 만들어서 토요일마다 여기서 기다릴 거야."

앞을 향해 달렸던 지난 날, 그는 그녀를 잊었다. 하지만 무엇을 위해, 왜 그녀를 떠났는가 생각하니 가슴이 먹먹했으리라. 헤어짐의 침묵만큼 긴 시간이 흘렀다. 그는 여전히 토요일마다 그 벤치에 그녀가 있다고는 믿지 않았다. 다만 그는 다시금 떠오른 그녀에 대한 기억과 안쓰러움, 그 아련함을 좇아 그녀가 기다리겠다던 토요일 오후에 그곳을 찾아갔다.

세월이 지나 우리가 늙어 외모가 변해도 사랑하는 사람의 모습을 알아보는 일만큼 쉬운 일이 또 있을까. 그 자리, 그 벤치에서 빨간 원피스를 입은 그녀가 여전히 도시락을 무릎 위에 올려놓고 앉아 있다니! 누군가 그녀 옆에 앉으려고 하면 "죄송합니다만 남자친구가 오기로 했거든요" 하고 그녀가 말했다. 사랑하는 상대의 자잘한 잘못에도 쉽사리 보채는 우리가 어찌 그녀를 이해할 수 있을까. 한 사람이 다른 한 사람을 기다리는 일, 숱한 세월 동안 한 사람만을 위해 흔들림 없이 한 자리에 머무르게 하는 힘은 과연 어디에서부터 오는 것일까.

사랑이 꽃피는 화려한 시절의 절정은 짧다. 오히려 사랑이 바래고 찢기고 상처 입은 후의 시간이 길다. 사랑의 상처는 치명적이기 때문이다. 그러나 사랑하는 사람을 기다리는 그녀의 얼굴은 평온했다. 그녀가 그 자리에서 그를 기다리는 동안은 설렘을 간직한 인내의 시간이기 때문이다. 어쩌면 긴 기다림은 사랑의 또 다른 이름이다.

운명이 아니라
우연일 뿐이다

기다릴 때는
한 자리에 있어야 한다.
그렇지 않으면
엇갈리게 된다.

북극의 연인들을 본 후
Los Amantes Del Circulo Polar

어쩌면 운명이란 없을지도 모른다. 다만 겹겹의 우연이 겹쳐져 만들어진 단어이다. 하지만 남녀가 만나 사랑에 빠질 확률이 너무나 희박해 우리는 사랑에 빠질 때마다 운명을 믿어본다. 우리가 사랑에 대해 이야기할 때면 도저히 해석할 수 없는 '우연'이 수없이 반복되어 그토록 바라던 운명이 깃든 사랑이 세상 어딘가에 있을지도 모른다고 결론짓는다.

오토(Otto)와 아나(Ana)의 만남은 뒤로 읽으나 앞으로 읽으나 같은 소리를 내는(회문 법칙) 그들의 이름을 닮았다. 그것은 반복되는 우연이 곧 운명일지 모른다는 우리의 믿음에 힘을 실어준다. 공을 쫓아 달리던 꼬마 오토가 아빠의 죽음을 접하고 슬퍼하며 달리는 꼬마 아나와 마주한 순간부터 그들은 서로를 사랑한다. 마침 공을 쫓는 사람이 오토였고, 마침 공과 같은 방향으로 달려가던 사람이 아나였다는 이유만으로.

그 우연은 사소한 사건들로 인해 몇 번이나 반복되며 오토와 아나의 인생에 개입했다. 하지만 쉽게 서로의 감정을 드러내지 못했던 이유 또한 반복되는 우연에서 비롯됐다. 그들의 만남이 아나의 엄마와 오토의 아빠가 결혼하게 되는 계기가 되었기 때문이다. 합법적인 오누이 관계가 될 수밖에 없는 상황에서 오토와 아나는 서로를 더욱 은밀히 사랑했다. 하지만 운명은 없다는 듯, 그들을 만나게끔 한 운명 같은 우연은 간발의 차이로 그들을 어긋나게 만든다.

우리가 살고 있는 인생 또한 저런 게 아닐까. 온 세상이 나와 그 사람을 중심으로 우리의 사랑이 이뤄지게끔 움직이다가, 어느 순간 세계의 구조가 삐끗거리게 되면 하다못해 사소한 버스 배차 시간조차 나와 그 사람을 엇갈리게 만들 때가 있으니 말이다.

오토와 아나가 바라는 운명은 우연에서 비롯되어 사랑을 빚어내지만 그 우연이 어긋나면서 만날 수 없게 된다. 그럼에도 Otto와 Ana라는 이름처럼 끝에서 처음으로, 처음에서 다시 끝으로 똑같은 소리를 내며 반복하듯 그들은 다시 만나려고 안간힘을 썼다. 아나가 소녀 시절 그토록 가기를 원했던 핀란드의 라플란드에서 백야를 보며 오토를 기다리기로 결심한 것이다. 그리고 아나는 오토와 오누이 사이였을 때 함께 살았던 옛집에 '널 기다릴게… 용기를 내'라는 메모가 담긴 편지를 보낸다.

기다릴 때에는 한 자리에 있어야 한다. 그렇지 않으면 엇갈리게 된다. 하지만 기다림이란 언제나 사람을 지치게 하는 법. 사랑하는 사람을 막연히 기다리는 아나도, 사랑하는 사람에게 막연히 달려가는 오토도 그 시간이 길어지면 좀처럼 원래의 약속 장소에 머물 수 없다. 우리는 그 자리를 이탈한 두 사람을 통해 운명은 없다는 것과 운명을 닮은 겹겹의 우연이 더는 빛을 발할 수 없다는 것을 배운다.

잃어버린 나를 찾아서

잃어버린 자아는
각자의 삶 속에서 스스로 찾아야 한다.
애써 지우고자 했던 **슬픈 기억**이
그 힌트가 되어줄 것이다.

디어 미를 본 후
With Love... from The Age Of Reason

당신이 선택의 갈림길에서 방황한다면 잠시 멈춰 생각해야 한다. 어느 쪽도 쉽게 포기할 수 없다면 그곳에 당신이 원하는 것이 없기 때문이다.

어느 날, 친구가 이런 이야기를 들려주었다. 얼마 전 그녀는 직장생활이 너무 힘겨워 그만두고 다른 일을 시작할까 하는 문제로 고민했다. 하지만 서른이 넘은 나이에 무엇인가를 새롭게 시작하는 것 또한 쉬운 선택이 아니었기에 그녀는 잠시 선택을 미뤘다. 대신 자신을 응원하는 문자메시지를 한 달 후에 받을 수 있게 보냈다. 그러니까 현재의 자기가 미래의 자신에게 직접 문자메시지를 보낸 셈이다. 하지만 문자메시지를 보낸 것조차 깜빡한 친구는 한 달 후 수신된 내용을 보고 깜짝 놀랐다고 했다.

"나는 너를 믿어. 네가 어떤 결정을 내리든 그것은 너를 위한 것이라고 생각해. 지금의 힘든 시간은 네가 진짜 원하는 일을 찾기 위한 과정이니까, 너무 힘들어하지 마. 다 괜찮아질 거야."

잊고 있었던 응원 문자가 도착하자 친구는 자신도 모르게 눈물을 흘렸다. 그제야 친구는 힘겨워서 미뤄왔던 선택을 과감히 할 수 있었다. 물론 그 선택 때문에 많은 것을 포기해야 했지만, 지금 친구는 후회하지 않는다. 다시 힘들어진다면 또다시 자신을 응원하면 되지 않느냐며 밝게 웃었다.

현재의 내가 미래의 내게 바라는 일은 지금보다 좀 더 나은 삶, 행복한 마음을 갖는 것일 테다. 그러기 위해서는 현실을 견뎌야 하는 것은 물론 미래를 준비해야 한다. 하지만 우리는 그 길이 너무 멀게 느껴지거나 장애물이 높아서 앞을 볼 수 없다. 나이를 먹을수록 꿈을 꾸기보다 바로 앞에 놓인 문제를 해결하느라 행복을 생각할 겨를이 없다. 지난날의 나를 잃어버리는 것은 이 때문일 것이다. 순수한 시절, 어린 날의 우리는 그런 사람이 아니었을 텐데, 아무리 그때의 나를 기억하려 해도 기억나지 않는다. 아니, 의도적으로 기억에서 지워버렸는지도 모른다. 우리에게는 '잃어버린 나를 찾는 법'이 필요하다.

잘 나가는 커리어우먼 마가렛. 달리는 차 안에서 옷을 갈아입을 정도로 바쁜 그녀에게 퇴임한 변호사 할아버지가 무엇인가를 들고 왔다. 그것은 일곱 살의 그녀가 성인이 된 자신에게 보내온 편지들이었다. 사람을 만날 때마다 '엘리자베스 테일러, 버지니아 울프, 아만다 리어, 마리 퀴리 등'의 이름을 떠올리며 완벽에 가까운 모습을 추구하던 마가렛에게 이 할아버지만큼은 누구의 모습으로 대해야 할지 모를 만큼 황당한 방문객이었다. 그녀는 이 할아버지를 기억할 수 없었다. 또 편지의 수신자는 마가렛이 아니라 마그릿이다. 절대 자신에게 온 편지가 아니라 믿었던 마가렛은 그것을 외면했다. 하지만 누구에게나 호기심은 있다. 아무리 아니라고 뒤돌아서도 아닌 게 아니라는 것!

누구보다 내가 나 자신을 잘 알고 있다고 장담하지만 실은 나만 모르는 내 모습이 존재한다는 것을 우리는 이따금 잊어버린다. 마가렛도 자신이 모르는 자신의 모습을 알고 싶었다. 그녀는 휴지통으로 직행했던 편지 꾸러미를 하나씩 펼치기 시작했다. 그녀는 자신도 모르는 사이 차츰 일곱 살 마그릿이 살던 때로, 그 어린 소녀가 느꼈던 감정의 기억으로 저벅저벅 걸어갔다.

그녀의 어린 시절은 마그릿에서 마가렛으로 이름까지 바꿀 만큼 지우고 싶은 기억이었다. 소중한 사람들과도 연락하지 않을 만큼 그녀에게 과거는 고통스러운 것이었다. 하지만 그것이 정말 옳은 선택이었을까. 오랫동안 떠올리지 않으면 정말 기억에서 지워지는 걸까. 그렇지 않다. 기억은 우리도 모르는 사이 마음 깊은 곳에 스며들어 언제고 수면 위로 불쑥 솟아오를 준비를 하고 있다. 한동안 감춰뒀던 그녀의 기억은 편지를 발단으로 그녀 삶을 송두리째 뒤흔들어놓았다.

그때부터 그녀는 혼란에 빠졌다. 지금까지 추구했던 모습이 진정한 자아가 아니었기 때문이다. 완벽한 협상을 추구하던 그녀가 과거의 자아를 만나면서 감정에 치우쳐 일을 그르쳤고, 아무 문제없었던 남자친구와의 애정 전선도 비틀댔다. 이제 그녀는 꽁꽁 숨겨뒀던 기억들을 하나둘 건져 올릴 수밖에 없다. 그녀가 뜬금없이 남자친구에게 어릴 때 이야기를 해달라고 하거나, 거들떠보지 않았던 카우보이모자에 소풍용 바구니를 꺼내들고 길을 나선 것은 모두 그 때문이다.

그렇게 시작된 과거로의 여행은 마가렛을 마그릿으로 바꿔놓은 것은 물론 잊어버린 아픈 기억까지 떠올리게 했다. 오랜 세월 연락하지 않았던 남동생을 불쑥 방문했고, 평생 사랑하자 다짐했던 옛 친구를 찾아냈다. 그러면서 그녀는 지금까지 자신이 잘못 살아왔다는 사실을 깨닫게 된다. 잘 닦여진 길을 시속 553킬로미터로 달려가던 고속열차가 갑자기 급브레이크를 밟은 것이다. 길을 잃었다. 우왕좌왕 헤매다가 길이 아닌 길로 들어선 것 같은 마가렛, 아니, 마그릿. 그녀는 일곱 살 마그릿이 보내온 편지에서 잃어버린 자신의 모습과 기억을 찾는다. 그리고 어린 시절 자신이 바랐던 삶이 어떤 것인지 찾고자 노력한다.

얼마나 많은 사람이 어른이 된 마그릿처럼 살고 있을까. 때로 우리는 무엇을 바라는지 알지 못한 채, 인생의 중요한 선택을 했다. 이 길로 가면 어떤 이익이 있는지를 따져보고 절대 손해 보지 않겠다며 빈주먹을 불끈 쥐기도 하고, 저 길로 가지 않은 것은 어쩔 수 없는 일이었다고 스스로를 위로하지만, 자주 가슴이 답답했다. 왜냐하면 그것은 진짜 우리의 모습이 아니었기 때문이다.

그렇다면 진짜 우리의 모습은 어디에 있을까. 글쎄. 잃어버린 자아는 각자의 삶 속에서 스스로 찾아야 한다. 분명한 것은 애써 지우고자 했던 슬픈 기억들, 실패한 경험들 가운데 울며 힘들어 했던 시간이 그 힌트가 되어줄 것이다. 슬펐고 좌절됐던 순간에 우리는 절박하게 무언가를 꿈꾸고 있었기 때문이다.

돈 벌기와 꿈 지키기 사이에서 갈팡질팡했던 나는 꿈의 편에 섰다. 그리고 정확히 1년이 지났다. 여전히 "네가 진짜 원하는 게 무엇이냐"고 질문하며 어두운 밤길을 홀로 걷다가 다시 멈춰 섰다. 막막한 현실 그리고 좀체 이뤄지지 않는 꿈 때문에(쉽게 이뤄진다면 꿈이 아닐 것이다).

그래서 오늘 나는 고등학생 때부터 지금까지 써온 일기들과 편지들을 펼쳐보기로 했다. 그리고 지금의 심정을 기록할 것이다. 언젠가 펼쳐볼 미래의 나를 위해서.

영혼을 위로하는 한마디, 괜찮아!

괜찮아, 조금씩 천천히 네가 원하는 모습을 찾아간다면
언젠가 네가 원하는 모습으로 살 수 있단다.

잠시라도 곁에 있어주어서
행복했어

아픈 삶을 살아온 사람이
타인의 **상처**를 **치유**할 수 있다.

내 곁에 있어줘를 본 후
Be With Me

인생의 반 이상을 함께한 사람이 죽음을 앞두고 있다면 어떨까. 생각만으로도 끔찍한 이 일은 우리 주변에서 허다하게 벌어진다. 할아버지는 겨우 숨을 고르고 누워 있는 할머니 곁에서 잠시도 자리를 뜰 수 없었다. 매일 아침 할머니를 위한 도시락을 준비해 병원으로 갔다. 할머니를 위한 도시락 그리고 조용히 숨소리를 들려주는 일 말고는 이제 어떤 것도 의미가 없기에 할아버지는 말을 잃었다. 사랑하는 사람을 자신의 손으로 보내고 할아버지는 침묵했다. 할머니가 없는 세상은 할아버지에게 더 이상 이전의 세상이 아니다. 그것은 감옥이다. 할아버지는 자신이 운영하던 가게 문을 굳게 닫았다. 매일 아침 도시락을 싸고 기억 속 할머니를 불러내 함께 식사를 했다.

어느 날, 아들의 부탁으로 도시락을 들고 방문한 곳에 그녀가 있었다. 보지 못하고, 듣지 못하고, 부모로부터 버림받고, 사랑하는 한 사람마저 저세상으로 떠나보낸 데레사 첸. 결코 위로가 될 수 없는 말 따위가 사라지고 데레사 첸의 손이 할아버지의 마음을 어루만졌다. 그제야 할아버지는 눈물을 흘릴 수 있었다.

우리가 살아가는 세상이 녹록지 않다는 것쯤은 누구나 알고 있다. 고통을 조금 덜었다 싶을 때 또 다른 고통이 엄습할 거라고,

인생은 어차피 힘겨운 날들의 연속이라고 생각하면 마음 편할까. 희망 따위 없다고, 기대 따위 하지 않는다고, 사람을 믿는 건 죽어도 못한다고 해버리면 조금 더 행복해질까. 그렇지 않다. 삶에 대한 냉소는 어떤 일도 해결할 수 없다.

우리 곁에는 아픔을 달래줄 사람이 있다. 할아버지의 마음을 어루만진 데레사 첸과 같은 사람이 어딘가에 반드시 존재한다. 그리고 그녀는 말한다.

"나와 함께 있어주세요. 사랑하는 사람. 그러면 내게서 미소는 사라지지 않을 거예요."

그 누구보다 가장 아픈 삶을 살아온 사람이 타인의 상처를 치유할 수 있다. 우리는 내 곁에 있어주었던 사람에게, 이제 더 이상 내 곁에 없는 사람에게 말해야 한다. 잠시라도 곁에 있어주어서 행복했다고.

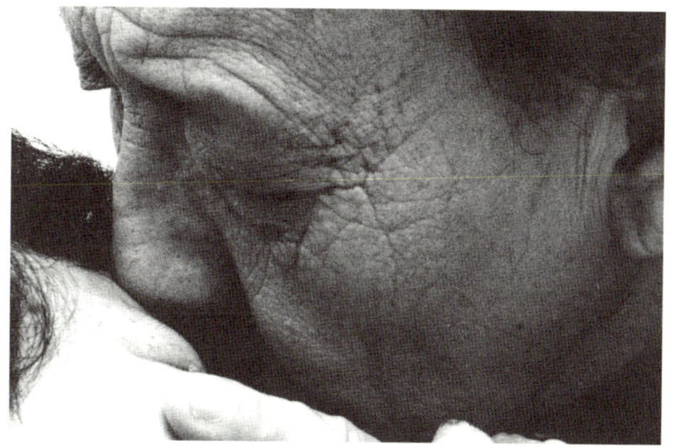

스무 살!
절망해도 좋아.
곧 일어날 테니!

모든 것을 시작할 수 있다는
희망은
아무것도 선뜻 할 수 없다는
절망과 맞닿아 있다.

고양이를 부탁해를 본 후
Take Care Of My Cat

스무 살, 그 단어 하나만으로도 예쁘고 반짝반짝 빛날 나이. 그 설익은 아름다움을 어찌할 줄 몰라 스무 살의 아이들은 방황한다. 모든 것을 시작할 수 있다는 희망이 아무것도 선뜻 할 수 없다는 절망과 맞닿아 있기 때문이다. 젊음, 그 단어가 사치로 느껴질 만큼 무겁고 둔탁해서 스무 살의 아이들은 갑자기 찾아온 인생의 선택 길에서 혼란을 겪는다.

고등학교 단짝친구 태희, 혜주, 지영 그리고 비류와 온조. 같은 교복을 입고 같은 학교에 다닐 때는 마냥 즐겁고 신 났던 이 아이들이 스무 살, 첫 선택을 앞두고 성장통을 겪는다. 그것은 가장 친한 친구를 마음 밖으로 밀어내기도 하고, 매일 아무렇지 않게 해내던 일을 세상에서 가장 힘든 일로 만들어버리기도 한다. 이제 막 직장생활을 시작한 혜주, 가정 형편이 어려워 꿈 하나 갖기 힘든 지영, 아버지가 운영하는 찜질방에서 일하지만 늘 가족으로부터 무시당하는 태희. 그리고 쌍둥이 자매 비류와 온조. 그 아이들의 모습 속에서 우리는 우리들의 잃어버린 스무 살의 기억을 떠올리게 될지도 모른다. 스무 살, 그것은 부서질 것 같은 여린 감성이다.

어머니의 이름으로, 너는 괜찮아질 거야

세상에서 가장 강한 사람은
어머니의 마음을
가진 사람이다.

내 어머니의 모든 것을 본 후
All About My Mother

한 여자가 있다. 그녀는 아들의 열일곱 번째 생일날 교통사고로 아들을 잃는다. 아들의 일기장을 보고서야 아들이 얼마나 아버지를 그리워했는지 알게 된다. 아들의 죽음 이후 그녀는 비로소 상처 가장 깊은 곳에 잔재한 남편 에스테반을 찾아간다. 17년 전, 자신이 아이를 가졌음을 알고 도망쳤던 그 길을 거슬러 간다. 그 여행길에서 여장남자가 된 옛 친구 아그라도, 임신한 수녀 로사 그리고 아들을 간접적으로 죽게 만든 여배우 위마를 만난다. 그리고 가장 위로받아야 할 사람인 그녀가 오히려 이들을 돌봐주게 된다.

도저히 상식적으로 받아들일 수 없을 만큼 기상천외한 사람들이 우리가 사는 세상에도 살고 있다. 그리고 그 가운데 마누엘라가 있다. 그녀는 세 명의 에스테반(전 남편, 아들, 수녀의 아들)으로 인해 상처받고 혹은 치유받는 과정을 거친다.

세상에서 가장 강한 사람은 '어머니의 마음'을 가진 사람이다. 마누엘라는 그것의 상징이다. 그녀는 세상 모든 어머니뿐 아니라 '어머니가 될 수 없지만 어머니의 마음을 가진 사람'들을 위로한다.

80분이 우리 인생의 전부라 해도 마음으로 보면 된다

진실한 직선은
마음에 있다.

박사가 사랑한 수식을 본 후
The Professor And Beloved Equation

"이것은 유한직선이지. 원래 직선의 정의상 그 끝이 없어. 한없이 어디까지라도 계속 뻗어가지 않으면 안 되지. 하지만 한 장의 종이에는 그 끝이 있고 자네의 체력에도 한계가 있으니까 일단은 유한직선을 진짜 직선이라고 가정하는 것에 지나지 않는 거지. 진실한 직선은 어디에 있는 걸까? 그것은 (가슴에 손을 댄다) 여기에밖에 없지. 물질에도 자연현상에도 감정에도 휘둘리지 않는 영원한 진실은 눈에 보이지 않는 거야. 눈에 보이지 않는 세계가 눈에 보이는 세계를 지탱하고 있는 거야. 정말 중요한 것은 마음으로 봐야 해. 괜찮아. 안심해. 루트 기호는 튼튼해. 모든 숫자를 보호해주지."

박사가 말했다.

수학 박사는 사고로 인한 후유증으로 기억력이 80분을 넘기지 못하지만 세상 모든 것을 수학에 대입해 생각한다. 비록 80분마다 기억을 갱신해야 하지만 늘 따뜻한 마음으로 가정부 쿄코와 그녀의 아들 루트를 대했다. 박사는 마음으로 보는 법을 알고 있다.

"언제 어떤 상황에서나 박사님이 원하는 답은 정답만은 아니었습니다. 아무 대답 없는 침묵보다는 궁한 나머지 엉뚱한 대답이라도 하는 쪽을 오히려 기뻐하셨습니다. 박사님은 어떤 어리석은 막다른 길에 이른다 해도 반드시 장점을 발견해서 긍지를 심어주셨습니다."

루트가 말했다.

루트는 엄마 쿄코가 박사의 집에서 일하는 바람에 열 살 때부터 박사와 함께 시간을 보냈다. 루트는 박사가 붙여준 별명이다. 박사가 재미있게 들려준 생활 속 수학 이야기에 흥미를 느껴 훗날 수학 선생님이 된다.

"눈에 보이지 않는 영원한 진실. 그런 거였구나. 마음으로 보면 시간은 흐르지 않아요. 중요한 것은 바로 지금이잖아요."

쿄코가 말했다.

박사와 루트가 우정을 쌓아가는 동안 루트의 엄마 쿄코 또한 마음으로 보는 법을 배웠다.

헤어질 때 안녕이라고 말하지 않아도 괜찮아!

우리를 가장 힘들게 하는 생각은
'그렇게 하지 않았다면
그 일이 일어나지 않았을 텐데'
하는 생각이다.

아들의 방을 본 후
The Son's Room

고요하고 아름다운 시간, 서로가 지금 그대로 있어준다면 평생이 행복할 것만 같은 한 가족. 조반니와 그의 아내 파올라, 그리고 아들 안드레와 딸 이레네. 어느 일요일 아침, 정신상담의인 조반니는 아들과 함께 조깅하기로 한 약속을 뒤로하고 우울증 환자를 만나러 간다. 그 사이 친구들과 스쿠버다이빙을 하러 간 안드레는 목숨을 잃고 만다.

어쩌면 우리를 가장 힘들게 하는 생각은 '만약 내가 그때 그렇게 하지 않았더라면 그 일이 일어나지 않았을 텐데' 하는 것이다. 이미 벌어진 일 앞에서 이런 생각은 우리를 절망으로 데려간다. 조반니는 자신이 환자를 만나러 가지 않고 아들과 조깅을 했다면…… 하는 생각에서 벗어날 수가 없었다. 평온했던 가족의 일상은 안드레의 부재로 혼돈에 빠졌고, 조반니는 아들이 죽은 원인을 찾아 헤맸다.

아무리 발버둥 쳐도 현실은 그 모든 일이 단지 사고였을 뿐이라 답할 뿐이다. 늘 곁에 있던 사람들이 뜻하지 않은 사고로 먼저 세상을 떠났을 때, 우리는 어찌할 도리가 없다. 그냥 슬프다. 그 슬픔에는 실마리가 없다.

이처럼 삶 곳곳에 내재한 안드레의 여운은 남겨진 가족을 여전히 애통하게 하지만 그들은 자신도 모르는 사이 천천히 그 죽음을 애도한다. 그러던 어느 날, 안드레의 여자 친구로부터 온 편지가 치유의 열쇠가 되어준다. 가족이 미처 알지 못한 안드레의 모습을 그녀로부터 찾으려고 노력하고, 마음이 아파 들여다보지 못한 안드레의 방안 곳곳을 살피며 안드레를 추억한다.

어떤 치유는 추억하는 일에서부터 시작된다.

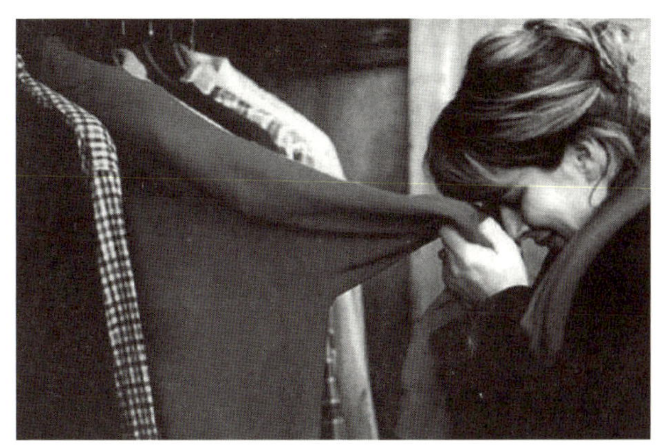

아직은 견딜 만해

때때로 우리는
모든 것을 **잃고** 나서야
나 자신을 **찾을** 수 있다.

아웃 오브 아프리카를 본 후
Out of Africa

모든 것을 소유하려 했던 한 여자가 있다. 아무것도 소유하지 않으려 했던 한 남자가 있다. 덴마크 태생인 여자는 아프리카로 이주했다. 농장에 살던 원주민들을 위해 땅을 마련했고, 남자와 함께 사냥을 했고, 행복했다. 비록 하루아침에 전 재산이 날아가고, 사랑하는 사람이 떠나가더라도 그녀는 처음 아프리카에 도착했을 때처럼 당당하고 아름다웠다. 여자는 자신의 모든 것을 잃고 진정한 자아를 찾았다.

그녀는 "슬픔이란 이야기를 지어내거나 그것에 관해 말할 수 있다면 견딜 만한 것이다"라고 말했다. 그리고 슬픔을 견디기 위해 정말 이야기를 지어내 책으로 만들었다. 카렌이라는 한 여성의 삶을 통해 우리는 '진정한 강함'이 어떤 것인지 배운다.

삶은 때때로 우리가 원하지 않는 방향으로 흘러가고, 그로 인해 우리들은 아프고, 성장하고, 비로소 삶을 더욱 사랑하게 된다.

조금씩 천천히 네가 원하는 모습으로 살 수 있다면...

낯선 타인과의 만남은
우리를
세상 밖으로 끌어낸다.

친밀한 타인들을 본 후
Confidences Trop Intimes

그녀는 방향 감각이 둔해서 심리치료사의 방이 아닌 재정상담사 방에서 말할 수 없는 비밀을 털어놓았다. 지루하게 삶을 반복하던 재정상담사 윌리엄은 갑자기 방문한 그녀에게서 은밀한 이야기를 들었다. 당황스럽지만 나는 심리치료사가 아니에요, 라고 말할 찰나를 놓쳤다. 그는 한참을 고민했지만 이상하게 그녀가 올 날이 자꾸 기다려졌다.

삶은 어처구니없는 실수로 인해 우리가 미처 상상하지 못한 곳으로 우리를 데려간다. 낯선 타인과의 만남은 윌리엄을 일상에서 탈출시켰고, 한 여자를 세상 밖으로 끌어냈다. 어쩌면 낯선 타인과 친밀함을 유지한다면 심리치료사의 일은 우리도 할 수 있는 일일지 모른다.

"괜찮아, 조금씩 천천히 네가 원하는 모습을 찾아간다면 언젠가 네가 원하는 모습으로 살 수 있을 거야."

낯선 타인에게 말해보자.

당신의 삶을
조금만 나눠 가질게요!

만약 누군가가
우리의 삶을 여과 없이 바라본다면
그 누군가가 **당신 때문에**
감동할 수 있을까.

타인의 삶을 본 후
The Lives Of Others

1984년, 베를린 장벽이 무너지기 5년 전의 동독. 한 아파트에서 두 남녀가 사랑을 나눈다. 극작가 드라이만과 그의 애인이자 인기 여배우 크리스타. 예술가라는 이름으로 공산국가에서 살아가는 일은 절망 자체다. 국가의 억압 앞에서 그들의 창작 욕구는 무기력해질 수밖에 없다. 그들에게 삶은 곧 창작이므로. 억압을 견디지 못한 몇몇 예술가들은 스스로 목숨을 끊었다. 드라이만은 이런 현실을 더 이상 바라볼 수가 없다.

비밀경찰 스타지는 '모든 것을 알아내야 한다'는 투지로 사람들을 감시하고 도청했다. 그러나 지금까지 단 한 번도 실수한 적 없는 그가 조금씩 묘한 감정을 느끼기 시작했다. 드라이만과 크리스타의 사랑을 지켜주고, 드라이만이 정부에 반대한 글을 쓰는 일까지 모른 척한다. 결코 감정이 개입되어 오점을 남기지 말라고 했던 냉혈한 스타지의 마음을 변화시킨 것은 무엇일까. 오랫동안 자신이 옳다고 믿어왔던 것들을 거역할 만큼 강렬한 그 무언가에 감동했기 때문이다.

누군가가 우리의 삶을 여과 없이 바라본다면 그 누군가가 당신 때문에 감동할 수 있을까. 그렇다면 좋겠지만 우리는 그런 일에 자신이 없다. 한번쯤 스타지가 되어 우리 삶의 여정을 차근히 뒤

돌아보고 반성한다면 언젠가는 누군가를 감동시킬 삶을 살 수 있을지도 모른다.

한 사람의 인생이 다른 한 사람에게 얼마나 큰 영향을 주는지 알게 된다면 누구도 함부로 살 수 없을 것이다.

오늘 하루를 산다 해도
그건 기적인걸

상상력은
그 어떤 상황에서도
힘을 발휘한다.

잠수종과 나비를 본 후
The Diving Bell And The Butterfly

스스로 세수를 하고 밥을 먹고 길을 걷는 일이 기적이라고 말하는 남자가 있다. 어느 날 갑자기 하늘이 흐려지더니 의식을 잃어버렸다. 눈을 떠보니 하얀 가운을 입은 의사들이 단체로 모여 있었다. 대체 무슨 일인지 몸을 움직일 수가 없었다. 그가 바로 지적이고 유머러스한데다 잘나가는 〈엘르〉 편집장 장 도미니크 보비이다.

그는 '로크드 인 신드롬'이라는 희귀병 때문에 하루아침에 한쪽 눈만 깜빡이는 신세가 되었다. 하지만 그는 재치 있게 비극에 대처한다. 언어치료사의 도움으로 자주 사용되는 순으로 배열된 알파벳을 익혔고 눈을 깜빡이는 것만으로도 원하는 문장을 조립하게 됐다. 결국 그는 병실에서 15개월 동안 20만 번 이상 눈을 깜빡여서 책을 집필했다.

보비의 육체는 잠수종을 입은 것처럼 감금되었지만 보비의 상상력과 용기는 나비처럼 훨훨 날았다.

물음표가 느낌표로 바뀌는 순간

인생이란 그런 것이다.
짧은 환희의 순간들은 지울 수 없는 슬픔에 덮이고 만다.
하지만 아이들에게 그것을 말해줄 필요는 없을 것이다.

_〈마르셀의 추억〉에서

삶은 물음표다

할머니! 난 모르는 게 많아요.
커서 뭘 하고 싶은 줄 아세요?
남이 **모르는** 일을 알려주고,
못 보는 것을 보여주고 싶어요.

하나 그리고 둘을 본 후
A One And A Two, Yi Yi

결혼, 출산, 죽음에 이르기까지 한 가족의 다양한 삶이 잔잔하게 흐른다. 그리고 그 중심에는 늘 할머니가 있다.

고등학생 틴틴은 자신이 버리지 않은 쓰레기를 버리러 가다가 할머니가 의식을 잃었다는 사실에 마음 아파한다. 의식이 없는 할머니를 위해 매일 의무적으로 이야기를 들려줘야 하는 사실이 그녀를 서서히 지치게 했지만, 울고 싶거나 속상한 일이 있을 때마다 그녀는 할머니를 찾아간다. 어느 날, 틴틴은 할머니가 깨어나 종이배를 접고 있는 모습을 본다. 조용히 할머니의 무릎에 기대어 그간 힘들었던 마음을 내려놓은 틴틴은 할머니가 자신을 용서했다고 생각하고서 조용히 잠이 든다.

잠결에 틴틴이 말한다.

"이제 눈을 감고 세상을 볼래요. 아름다워요."

이 세상은 할머니가 틴틴에게 준 마지막 선물이다.

틴틴의 동생 양양은 왜 사람은 한쪽만 바라봐야 하는지 궁금해 사람들의 뒷모습을 사진에 담았다. 할머니의 영정 사진 앞에서 그동안 굳게 입을 닫았던 양양이 드디어 말문을 연다. 그리고 먼 훗날 남이 모르는 것을 알려주고 못 보는 것을 보여주는 사람이 되고 싶다고 고백한다.

틴틴과 양양, 두 아이는 세상 모든 것에 물음표를 찍는다. 왜 어떤 것은 한쪽만 보이는지, 모기를 카메라로 찍을 수는 없는지, 할머니가 돌아가신 후 어디로 가는지, 사람의 마음이 왜 쉽게 변하는지…….

세상을 향한 물음표 때문에 답답하고 때로는 그 의미를 찾는 일을 포기하고 싶지만, 신기하게도 사실은 그 물음표 때문에 우리가 살아가는 것이다.

유년의 추억에서
삶의 에너지 구하기

소년의 여름이 아름다운 것은
지나간 순간이기 때문이다.
다시는 되돌릴 수 없는.

마르셀의 여름을 본 후
My Father's Glory, La Gloire De Mon Pere

마르셀에게 유년의 추억이 지닌 힘은 가족과 함께 보낸 여름 휴가다. 교사 아버지와 재단사 어머니 사이에서 태어난 마르셀은 어머니가 장에 갈 때마다 아버지의 교실에서 보낸다. 자신도 모르는 사이 글을 읽게 된 마르셀은 책을 좋아하는 아이로 자란다. 여섯 살이 된 마르셀은 학교에 입학해 여러 가지 궁금한 것을 배운다. 그중에서 가장 충격적인 것은 어머니가 아이를 배꼽으로 낳는다는 사실. 마르셀은 단추처럼 생긴 배꼽을 열고 닫을 수 있다고 상상한다.

어느 여름방학, 마르셀과 그의 가족은 산 넘고 고개 넘어 시골 별장으로 휴가를 떠난다. 도시에서만 자란 마르셀에게 이제 곧 가장 아름다운 날들이 펼쳐질 것이다. 그곳의 소소한 것들이 모두 행복을 빚어낼 것이다.

마르셀은 그곳에서 릴리라는 친구를 만난다. 릴리는 날씨 변화, 샘이 있는 곳, 버섯과 야생 샐러리가 자라는 곳, 인적이 없는 곳에서 익어가는 포도의 맛을 마르셀에게 알려준다. 훗날 이 모든 것은 마르셀에게 아름다운 추억이자 감성이 될 바탕이 된다. 우리의 행복한 순간이 그랬듯 마르셀의 여름휴가에도 마침표가 있다. 소년의 찬란한 여름은 순간이기에 아름답다.

고독한 사람도 사랑을 한다

누군가를 사랑해서
잘하려는 마음은
때때로 우리를 **슬프게** 한다.

사랑과 달걀에 관한 이야기를 본 후
Of Love And Eggs, Rindu Kami Padmu

자카르타의 한 재래시장에서 성실하게 살아가는 가난한 사람들 가운데 시선을 끄는 사람이 있었다. 사랑과 달걀을 마음에 품은 남자아이다.

달걀가게에서 일하는 아이는 시장에서 가장 예쁜 여자를 좋아한다. 뭇 남성들이 넋을 잃고 바라볼 정도로 예쁜 그녀지만 정작 본인은 고독하다. 어느 날 아이는 그녀를 기쁘게 하려고 계란수프를 끓일 계획을 세우지만 바지 주머니에 가득 주워 담은 계란을 모두 깨트린다. 하는 수 없이 바지를 통째로 끓인다.

외사랑은 우리를 슬프게 한다. 어리석은 결과를 낳는다. 겉보기에 아무리 맛있는 계란수프일지라도 실은 그것이 '바지수프'라는 사실은 변하지 않는다. 어쩌면 그녀는 끝내 고독할 것이고 소년은 끝내 사랑을 고백하지 못할 것이다.

때로 외사랑이 우리를 고독하게 할지라도 우리는 사랑하지 않는 삶보다 사랑하는 삶을 살아야 한다. 혹여 사랑의 대상이 없다면 우리는 고독이라도 사랑해야 한다.

고통마저 사랑한다면

고통은
사랑을 이해하고
받아들이게 하는
매개체다.

천국의 가장자리를 본 후
The Edge Of Heaven, Auf Der Anderen Seite

누군가의 죽음은 다른 누군가에게 치명적인 상처가 되고, 나아가 용서와 화해의 발단이 된다.

독일의 어느 도시, 홀아버지 아래 자란 한 남자가 있다. 아버지가 죽인 여자의 딸을 찾아 아버지를 대신해 용서를 구하기 위해서 그녀의 고향 터키에 작은 서점을 열었다. 그는 아버지의 잘못을 용서할 수 없다.

독일의 어느 도시, 딸과 함께 살고 있는 한 여자가 있다. 어느 날 딸은 터키계 친구를 돕겠다며 터키로 훌쩍 떠났다. 딸이 자신의 모든 것을 희생하면서까지 다른 누군가를 돕는 것은 그녀의 바람이 아니었다. 그녀는 딸의 행동을 이해할 수 없었다.

그들의 삶은 먼 길을 돌고 돌아 용서와 화해의 자리에 다다른다. 아버지를 용서하지 못하더라도 아버지의 사랑을 기억하는 남자와 사랑하는 사람을 위해 우리가 할 수 있는 최고의 일은 그 모습 그대로를 받아들이는 것임을 딸을 잃고서야 깨달은 여자. 인생의 교묘한 실타래는 깊은 상실 후 그들을 서로 만나게 한다.

내가 아닌 다른 사람, 가장 가깝고 가장 사랑하는 사람. 우리는 그들에게 사랑한다 말하지만 한 걸음 떨어져 생각해보면 그것은 몰이해와 집착에 가까운 것일 때가 많다. 이 영화는 사랑하는 사람의 잘못 이후, 또 사랑하는 사람의 상실 이후를 통해 우리가 진심으로 사랑을 이해하고 받아들이게끔 도와주는 매개체다. 그러한 사랑에는 고통이 필수적으로 따라온다.

"그래도 사랑하실래요?"

이따금 자신에게 물어보라.

FESTIVAL DE CANNES
OFFICIAL SELECTION
COMPETITION

THE EDGE OF HEAVEN

A FILM BY
FATIH AKIN

WITH NURGÜL YESILÇAY BAKI DAVRAK PATRYCIA ZIOLKOWSKA NURSEL KÖSE TUNCEL KURTIZ AND HANNA SCHYGULLA

그대, 무엇을 위해 싸우는가

적을 아는 것은 쉽지만
무엇을 위해 싸우는지 아는 일은
어렵다.

보리밭을 흔드는 바람을 본 후
The Wind That Shakes The Barley

아일랜드는 슬픈 역사를 가지고 있다. 1920년 데이미언은 형 테디와 친구들과 함께 영국의 폭력에 대항하는 아일랜드 독립운동에 참여한다. 마침내 아일랜드는 영국과 평화조약을 맺지만, 일부 지역의 자치만 허용한다는 영국에 반대한 데이미언은 테디와 다른 편에 선다. 앞의 대사는 데이미언이 감옥에서 연인에게 쓴 편지의 일부다. 그것은 그가 가장 두려워했던 진실이다. 자신이 대항하는 상대를 아는 것은 쉽지만 무엇을 위해 싸우는지 아는 것은 명확하지 않았기 때문이다.

어디에서 그를 찾을까

생각과는 다른 일들이
너무 많다.
그 가운데 하나가
바로 사랑이다.

해피 투게더를 본 후
Happy Together

사람이 사람을 사랑하는 일은 상처를 동반한다. 사랑이 너무 깊은 경우 우리는 왜 그렇게 행동했는지 설명할 수 없는 때에 직면한다. 그것은 깊은 사랑에 빠져본 사람만이 안다. 그들은 사랑을 잃고 나서야 '더 진실하고 더 참았더라면 그를 잃지 않았을 텐데' 하는 후회로 남겨진 나날을 보낸다. 때때로 그 후회는 사람을 죽게까지 한다.

보영은 아휘를 찾아와 다시 시작하자고 말한다. 아휘는 그런 보영을 인내하고 받아들인다. 하지만 아휘는 집으로 가는 길이 두렵다. 보영이 홀연히 떠날까 봐. 그의 곁에 있는 것이 행복하지만 언제 떠날지 몰라 안달 내는 아휘와 사랑할 때 상처도 함께 주는 보영. 그들의 사랑은 상처 주는 것이 곧 사랑이라는 듯 제멋대로 휘청대지만 그것은 사랑의 방식이 다른 두 사람이 만났기 때문에 벌어진 일이다.

아휘와 보영의 불투명한 사랑뿐 아니라 그들과 다른 투명한 사랑이 함께 등장한다. 그 주인공은 소장이다. 가장 남쪽에 있는 도시 우수아이아, 세계의 끝으로 여행을 떠나는 소장에게 아휘는 그곳이 '슬픔을 잊게 해주는 곳'이라고 말한다.

소장은 아휘에게 녹음기를 내밀며 슬픔을 말하라고 한다. 세계의 끝에서 그것을 날려주겠다고. 나는 이 영화를 보고 나서 슬프거나 기쁠 때, 좋아하는 사람과 시간을 보낼 때 자주 목소리를 녹음했다. 언젠가 우수아이아에 가서 우리들의 이야기들을 날려버릴 날이 내게도 오기를 바라면서.

아휘가 소장의 부모님이 일하는 야시장 포장마차에 들렀다. 그는 포장마차가 분주한 틈을 타 포장마차 쪽에 있는 소장의 사진을 가져간다. 그리고 생각한다.

'그가 왜 항상 행복한 표정으로 여행을 다니는지 알았다. 그에겐 아무 때나 돌아와도 반겨주는 곳이 있기 때문이다. …… 언제 다시 만날지는 모르지만 한 가지 확실한 건 그가 보고 싶으면 어디서 찾을지는 안다는 거다.'

우리는 살아가면서 반드시 사랑을 한다. 평생 단 한 번의 사랑을 하는 사람도 있고, 매년 새로운 사랑을 하는 사람도 있다. 만약 한 번도 없다고 생각한다면 다시 생각해보라. 사랑은 누구나 한다. 아는 자와 모르는 자의 차이일 뿐.

우리에게는 지독한 사랑과 어긋난 사랑 그리고 그리운 사랑이 떠돌고 있다. 어릴 땐 단호하다. 사랑이 끝나면 다시는 만나지 않게 멀리 떠나는 것이 옳다고 생각한다. 하지만 나이를 먹으면 사람의 인연이 그리 쉽게 끝나는 게 아님을 알게 된다. 살아봤자 얼마나 더 산다고 보고 싶은 것을 꾸역꾸역 참아야 한단 말인가. 그 사람이 죽은 것도 아닌데 말이다.

하지만 인생이라는 게 내 생각처럼 단순하지 않으니 그것이 문제다. 어두운 극장에서 홀로 그리워하는 사람을 상상하는 일로 그쳐야 하는 그놈의 인생! 그래도 만나고 싶으면 언젠가 만나게 되겠지, 하고 생각하게 하는 이 곰처럼 꿈쩍 안 하는 희망!

어떻게 할까? 기다리며 참는다? 혹은 부끄럽더라도 만나자고 떼써본다? 상황에 따라 다르겠지만 어느 쪽이 옳은지 스스로는 알고 있다. 그러니 괜히 친구들 붙잡고 했던 소리 또 하지 말고 사랑에 대해서는 스스로 행동하고 후회하고 다음에 달라지는 쪽으로 변하기를. 그대가, 내가 그리고 우리가.

우리가 하나였던 순간

외로운 사람들은
서로를 알아본다.

미 앤 유 앤 에브리원을 본 후
Me And You And Everyone We Know

비닐에 담긴 금붕어를 깜빡하고 차 위에 올려놓은 아이와 아버지. 그리고 그것을 목격한 크리스틴과 할아버지.

"저 금붕어를 구하는 길은 저 차가 영원히 같은 속도로 달리는 거야."

할아버지가 말한다.

"그럼 어떡하죠? 금붕어를 위해 기도라도 할까요?"

크리스틴이 묻는다.

별것 아닌 미물이라도 생명은 소중하다는 듯 크리스틴과 할아버지의 대화는 그 어느 때보다 진지하다. 금붕어는 바로 앞 차에 떨어지고 크리스틴은 그 앞으로 차를 몰고 가 일정한 속력을 유지한다. 금붕어를 살리려고 세 대의 차가 같은 속도를 유지하며 운전하는 순간, 할아버지는 이렇게 말한다.

"적어도 우린 이 순간 하나야."

이처럼 사소한 순간에도 의미를 부여하는 사람은 주변에 얼마나 많은 이야깃거리가 숨어 있는지 잘 안다. 그런 사람이라면 다른 사람과 어떻게 사이좋게 살아가는지도 안다.

인간은 섬이 아니다

인간은
인간 말고는
그 어떤 것도
될 수 없는 존재다.

어바웃 어 보이를 본 후
About A Boy

넉넉한 유산 덕에 일할 필요가 없는 윌 프리먼은 '인간은 섬'이라고 생각하는 완벽한 독신주의자다. 적당히 즐겁고 적당히 고독한 현재에 만족하며 살고 있다. 그러던 어느 날 열두 살짜리 왕따 소년 마커스를 알게 되면서 그의 일상이 뒤틀린다. 그는 귀찮지만 안쓰러운 마커스를 돕기 시작했는데, 날이 갈수록 윌 자신이 점점 변해간다. 결국 그는 '인간은 섬이 아니다'라는 사실을 깨닫는다.

당연히 인간은 섬이 될 수 없다. 우리가 끊임없이 인간을 어떤 것에 비유하는 것은 인간이 인간 말고는 그 어떤 것도 될 수 없기 때문이다. 저쪽 인간과 어쩔 수 없이 관계 맺고 살아야 하는 인간 말고는 우리가 될 수 있는 건 아무것도 없다.

우리는 섬이 아니라 인간이다.

Life is yours!

이 영화의 주인공은
이제 **나**다.

영화보다 중요한 것은 우리의 삶이다. 일상도 영화의 한 부분으로 본다면 새롭게 구성할 수 있다. 가장 소중한 것은 바로 우리의 일상이기 때문이다.

마지막으로 우리에게 남은 영화는 바로 우리의 삶이다.

후회하지 않는 삶은 없다

아무것도 후회하지 않는다고
말할 수 있다면
그것은 고통의 시간이
지나갔기 때문이다.

라비앙 로즈를 본 후
The Passionate Life Of Edith Piaf

작은 거인, 노래하는 카나리아, 에디트 피아프. 그녀는 길에서 떠도는 삶을 거쳐 프랑스의 국민 가수가 된다. 세계인의 사랑을 듬뿍 받은 것도 모자라 죽은 후에는 지금까지 그녀 만한 위력의 가수가 없다는 평을 듣고 있다.

신은 때때로 사람이 감당하기 벅찬 열정과 재능을 선물한다. 그리고 그 열정과 재능을 사용함과 동시에 고통도 함께 얻는다. 그들이 그 고통을 인내하면 사람들은 비로소 그들을 인정하고 환호한다.

앙상하게 마른 손이 무대 위에서 목소리와 함께 춤추는 동안 사람들은 숨죽여 그녀를 바라본다. 사랑하는 이의 임종을 앞둔 사람처럼 눈물을 참고 그녀의 몸짓과 목소리의 작은 떨림 하나라도 놓치지 않으려고 한다. 노래가 끝나자 위태하던 그녀가 털썩 쓰러진다. 대기실로 실려간 그녀는 다시 무대로 돌아간다. 몇 번을 쓰러져도 그녀는 노래할 것이다.

노래하지 않는 삶은 그녀에게 곧 죽음이다.

에디트는 길거리를 배회하며 힘든 유년기를 보내야 했지만, 젊은 시절은 화려했다. 그러다 죽음 직전에는 다시 고통스런 나날을 견뎌야 했다. 어쩌면 그것이 인생이다. 우리 인생은 에디트의 삶처럼 비극과 화려함이 뒤범벅되어 있다.

"에디트가 이 정도도 못하겠어?"

이해받지 못할 행동을 할 때에도 에디트는 이처럼 당당하게 행동한다. 에디트 피아프이기에 가능한 것이다.

에디트는 서커스 단원인 아버지를 따라다니며 떠돌이 삶을 살았다. 길거리에서 노래하며 구걸하는 삶을 살던 그녀가 전 국민의 사랑을 받기까지 그녀의 재능은 고통을 동반했다. 재능을 온전하게 만드는 것이 인간이 짊어지기 벅찬 고통이라면 우리는 함부로 재능을 바랄 수 없다.

어린 시절 시력을 잃을 뻔한 위험, 길거리 가수로 전전하다 어린 딸을 죽음으로 내몰았던 아픔, 세상에 그녀를 알린 매니저의 의문사, 사랑했던 한 남자 마르셀의 죽음……. 몇 번의 교통사고와 병원 생활 같은 고통이 그녀의 육체와 정신을, 그리고 삶까지 너덜너덜하게 만든다. 젊고 향기 나던 눈빛은 초점을 잃고 생기 있던 입술은 갈라졌다. 붉은 빛을 잃어버린 시든 장미처럼. 고통에서 벗어나기 위해 그녀가 할 수 있는 것은 오직 노래였다.

47년의 짧은 생을 마감할 때 에디트는 연약한 할머니처럼 늙고 병들었다. 몸을 가누지도 못했지만 마지막으로 할 말이 없느냐는 기자의 질문에 그녀는 말한다. 아이들에게, 젊은이들에게, 노인들에게.

"사랑하세요."

한때 자살을 시도할 만큼 힘든 삶을 살았지만 그녀는 누구보다 삶을 사랑했다. 그녀는 끝까지 사랑했고 그 힘으로 노래했다. 불꽃처럼 강한 열정에는 힘이 있다. 그리고 우리가 무엇이든 사랑할 수 있다면 그 열정은 세상을 향해 반짝반짝 빛을 발할 것이다. 그것이 재능이고 사랑이다.

감당할 수 없을 만큼의 고통은 세상에 존재하지 않는다. 우리가 어떤 고통에 시달릴 때 그 무게가 무거워 쓰러질 것 같다고 호소하지만, 결국 그것은 우리가 감당할 수 있는 최적의 무게다.

에디트 피아프의 노래 중에 〈난 아무것도 후회하지 않아요 Non, je ne regrette rien〉라는 곡이 있다. 정말 후회하지 않은 순간이 한 번도 없었을까. 우리가 아무것도 후회하지 않는다고 말할 수 있다면 그것은 고통의 시간이 지나갔기 때문이다. 지금 고통의 시간을 지나고 있다면 기억하자. 숨겨진 재능이 꿈틀대고 있기 때문이라고. 그리고 그 시간 또한 지나간다.

그럼에도 우리는 고통을 원하지 않는다

재능의 비밀은
고통에 있다.

프리다를 본 후
Frida

고통이 오기를 바라는 사람은 아무도 없다. 일상이 지겹다고 말하지만 우리는 오히려 반복되는 하루를 살아가는 데 안도한다. 나이가 들수록 모험을 싫어하는 것도 이러한 이유에서다.

고통은 우리 중 누군가에게 찾아온다. 예고 없고 출구 없는 고통이 오면 우리는 납작 엎드려 원망한다.

"왜 하필 나야?"

이렇게 묻지만 모두가 침묵한다. 우리는 다른 사람의 고통을 안쓰러워하는 동시에 내게 그 고통이 찾아오지 않은 것에 안도하는 지극히 평범한 인간이다. 인정하기 싫지만 우리는 알고 있다. 고통은 언제나 어디서나 누구에게나 찾아온다는 사실을.

비록 고통이 아름다움을 만드는 것은 아니라 하더라도 분명한 것은 아름다움은 언제나 고통과 함께 있다는 점이다. 환상이 만들어내는 아름다움뿐 아니라 환상이 깨지는 순간의 고통 또한 아름다울 수 있으니, 고통과 아름다움은 환상의 배를 찢고 나온 일란성 쌍둥이라 할 만하다. 환상에게서 태어난 그것들은 다시 제 배로 환상을 낳기도 해서, 고통이 낳은 환상과 아름다움이 낳은 환상이 결합하여 또 다른 고통과 아름다움을 낳는 것이다. 그러니 지상의 짧은 삶에서 아름다움을 포기하지 않는 자는 결코 고통과 헤어질 수 없다.

_이성복의《오름 오르다》에서

프리다가 행복하게 웃는 순간은 짧다. 소녀 시절, 프리다는 사고를 당한다. 금빛 가루가 프리다의 온몸을 덮자 토막 난 버스의 틈으로 프리다는 쓰러진다. 그 사건으로 프리다는 마흔일곱의 나이로 생을 마감할 때까지 서른 번 이상의 수술을 했고 가장 빛나야 할 젊은 시절을 침대에서 보내야 했으며 전 재산을 탕진하게 되었지만, 금빛 가루를 덮은 피투성이 프리다는 정말로 아름다웠다.

침대에서 그녀가 할 수 있는 것은 그림을 그리는 일뿐이었다. 불안한 미래는 그녀의 손끝을 빌려 그림으로 재창조된다. 일어서야겠다는 의지로 몸을 지탱해낸 프리다는 지고지순한 아버지의 노력과 끈기로 침대를 탈출하는 데 성공한다. 자유롭게 걷게 된 프리다는 당대 멕시코 최고의 화가였던 디에고를 찾아간다. 수술비로 생계가 어려워진 가족을 위해 자신의 그림을 팔기 위해서다. 그녀의 작품을 본 디에고는 지금까지 본 적 없는, 독창적인 그림이라며 감탄한다. 고통의 똬리를 품고 일어선 그녀이기에 그 찬사는 당연한 결과다.

디에고는 프리다를 한눈에 알아본다. 프리다 또한 예술의 동료이자 삶의 동반자로 디에고를 사랑한다. 디에고가 몇 번이나 이혼했다는 사실을 알면서도 프리다는 그와의 결혼을 망설이지 않는다. 디에고는 뚱뚱하고 못생겼지만 무엇이든 그의 손을 거치면 아름다운 예술 작품이 된다. 그 섬세한 손길을 여자들은 거부할 수 없다. 그의 모델들은 모두 그에게 몸을 준다. 디에고와 결혼한 프리다의 행복에 불가결하게 첨가된 것은 이런 디에고의 자유분방한 연애다. 그는 남편으로서의 신의를 지키지 못한다. 그런 남자의 아내로 살아가는 일은 교통사고의 후유증보다 묵직하다. 반복되는 남편의 연애사와 유산으로 마음의 어둠이 짙어진 프리다는 디에고와 결별한다.

고통은 그녀와 헤어지지 않는다. 교통사고 후유증이 재발해 건강이 극도로 나빠진 것이다. 그때 그림은 또 한 번 그녀를 살린다. 고통은 그녀의 건강을 가져간 대신 열정을 준다. 당시 그녀가 그린 자화상 속의 처연하지만 용감하고 단호한 그녀의 모습은 그녀의 작품세계를 한결 두텁게 만든다.

건강이 악화된 그녀는 결국 한 발을 잘라낸다. 프리다의 전시회 날, 디에고는 그녀의 건강을 위해 집에 있을 것을 당부하고 홀로 미술관에 들어선다. 그리고 그녀의 삶과 그림에 대해 눈물겹게 감동적으로 설명한다. 그가 말끝을 흐리며 관객들의 콧등을 시큰하게 만들 즈음 우렁찬 목소리가 들려온다.

"시끄러워. 누가 죽기라도 했어? 침대에서 한 발짝도 움직이지 말라면 침대째 움직이면 되는 거지."

프리다 칼로, 그녀다. 침대에 누운 채로 미술관에 온 것이다.

재능의 비밀은 고통에 있다. 게다가 그것은 시인의 말처럼 반드시 아름다움과 함께 온다. 그러니까 내게 재능이 있는지 없는지 불안해서 어떤 일을 시도하지 못한다면 그것은 거짓말이다. 어떤 일이 잘 안 될 때, 재능이 전혀 발휘되지 않거나 혹은 내 안에 없는 것 같을 때, 내가 얼마나 고통 받으며 그 일을 하고 있는지 생각해봐야 한다. 고통스러워 미칠 지경에까지 이르러야 숨어 있던 재능이 꾸물꾸물 올라올 것이다.

내년엔 뭐 할 거야?

오래 참고 기다리는 마음가짐
그리고
끝까지 포기하지 않는 **끈기**가
아름답다.

나무를 심은 사람을 본 후
The Man Who Planted Trees

간절히 원하는 일을 멈추고 싶을 때, 무엇을 위해 살아야 할지 모를 때, 너무 힘들어 꿈을 포기하고 싶을 때, 불행하다는 생각이 들 때, 세상에 오직 나 하나뿐인 것처럼 고독할 때, 노력해도 끝이 보이지 않을 때, 그리고 내가 사랑하는 사람이 더 이상 나를 사랑하지 않을 때. 이 이야기가 떠오른다.

1차 세계대전이 일어나기 전 프랑스의 알프스 산맥이 프로방스 지방으로 뻗어 내린 아주 오래된 산악지대, 그곳은 헐벗고 단조로운 황무지였다. 생명체는 오로지 야생 라벤더.

이 지역 마을에는 소수의 사람들이 힘겹게 살아갔다. 서로의 것을 빼앗았다. 모든 것을 놓고 경쟁했다. 불만이 넘쳤고 자살이 번졌고 정신병이 유행했다.

그 땅에 양 30마리를 기르는 양치기 엘제아르 부피에가 있었다. 그는 밤마다 상태가 완벽한 도토리 100개씩을 모았다. 그리고 다음 날 구멍을 파고 그 안에 도토리를 심었다. 그곳은 그의 땅이 아니었다. 그럼에도 그는 정성스럽게 도토리를 심었다. 지난 3년 동안 그는 도토리 10만 개를 심었다. 10만 개의 씨에서 2만 그루의 싹이 나왔고, 들쥐나 산토끼들이 나무를 갉아먹거나 자연재해가 일어날 경우 2만 그루 가운데 절반이 죽었다.

고독한 엘제아르 부피에는 남은 삶을 죽어가는 땅을 살리는 데 바치기로 결심하고 묵묵히 나무를 심었다. 1차 세계대전에도, 2차 세계대전에도 그의 손은 멈추지 않았다.

황폐한 땅은 서서히 변했다. 공기가 맑아졌고 향긋한 냄새가 바람을 따라 흘렀다. 말라버렸던 샘에 물이 넘쳤고, 다시 사람들이 모였다. 망가진 집을 짓고 채소와 장미를 가꾸는 사람들이 늘어났다.

이 기적 같은 이야기는 젊은 시절 하나밖에 없는 아들이 죽고 아내마저 세상을 떠나 홀로 고독하게 살아가던 한 남자가 삶의 방향을 어떻게 바꾸느냐에 따라 세상 또한 바뀔 수 있다는 것을 보여준다. 엘제아르 부피에는 쉰이 넘은 나이에 나무를 심기 시작해 여생을 변함없이 그 일을 하며 살아왔다. 그는 우리가 볼 수 없는 것을 보았다. 나무 한 그루도 상상할 수 없는 황무지에서 그는 환상과 같은 울창한 숲을 볼 수 있었고, 때문에 자신이 하는 일에 추호도 의심을 품지 않았다.

1935년, 부피에의 나무 심기는 정부 대표단에 의해 정책으로 자리 잡았다. 그의 변함없는 행동이 세상을 바꾼 것이다.

보상을 바라지 않고 자신의 일을 묵묵히 해나가는 태도, 오래 참고 오래 기다리는 마음가짐 그리고 끝까지 포기하지 않는 끈기는 아름답다.

해가 바뀌고 새로운 세상이 올 때면 우리는 흔히 묻는다.

"내년엔 뭐 할 거야?"

당신은 대답하라.

"다른 사람이 무엇을 하든지 괘념치 않고 지금 내가 하는 일을 계속 끝까지 하겠다."

한 사람이 참으로 보기 드문 인격을 갖고 있는가를 알기 위해서는 여러 해 동안 그의 행동을 관찰할 수 있는 행운을 가져야 한다. 그 사람의 행동이 온갖 이기주의에서 벗어나 있고, 그 행동을 이끌어나가는 생각이 더없이 고결하며, 어떤 보상도 바라지 않고, 그런데도 이 세상에 뚜렷한 흔적을 남겼다면 우리는 틀림없이 잊을 수 없는 한 인격을 만났다고 할 수 있다.

_장 지오노의《나무를 심은 사람》에서

춤추듯 살아라

자! 이제 춤출 시간이다.
네 인생을 위해서.

피나 바우쉬의 댄싱 드림즈를 본 후
Dancing Dreams

음악이 시작되면 아이들은 시선을 고정하고 발을 내딛는다. 엉덩이춤이 시작된다. 몸은 춤을 추지만 시선은 한 지점을 응시한다. 자, 시작이다. 아이들의 춤사위. 다정함과 폭력성, 삶과 사랑, 증오와 용서, 다툼과 화해. 그리고 서로 다른 자아를 받아들이고 이해하는 마음……. 우리가 살면서 경험하는 미묘한 감정들을 춤을 통해 보고 듣고 느끼고 깨닫는다.

첫 만남의 어색함과 불안함은 춤에 섞여 사라지고 아이들은 서로의 다름을 받아들인다. 춤은 잊은 줄 알았던 아픈 감정을 몸 밖으로 내어놓는다. 아무리 노력해도 되돌릴 수 없었던 안타까운 순간이 불쑥 솟아나 눈물이 나더라도 당황하지 말라. 빠른 몸짓 속에 느린 슬픔이 담겨 있다.

감정을 표현하는 일이 서툰 아이들이 각자의 이유로 이 연습에 참여한다. 처음엔 시큰둥했던 아이들은 춤을 추며 땀을 흘리다 어느새 진지한 눈빛과 표정을 갖게 된다.

세계적인 무용가에서 안무가 그리고 감독으로, 창조적인 삶을 살아낸 피나 바우쉬. 그녀의 아름다운 몸짓은 춤과 연극을 결합한 완전히 새로운 장르였다. 춤과 무관한 사람들이 스스로 묻고 답하게 함으로써 자신만의 감정을 표현하게 하는 춤의 변주.

춤은 아이들이 미래를 준비하는 데 큰 도움을 준다. 가스폭발로 갑자기 아버지를 잃은 조이가 춤출 때 지우고 싶지 않은 기억들은 그녀의 몸짓을 통해 발산된다. 수줍은 소녀 로자리오가 춤출 때 한 꺼풀씩 옷을 벗는 일이 사랑의 표현임을 깨닫는다. 모든 것을 바라보는 것 같지만 사실은 한 점만을 응시하고 있다. 감정의 선이 시작되는 첫 지점. 절대 시선을 놓쳐서는 안 된다. 어떠한 일이 있어도 끝까지 유지해야 한다.

아이들은 춤추며 생각하고 자신의 감정을 발견한다. 춤이 발견한 아이들의 다양한 감정은 우리의 잃어버린 순수성과 폭력성을 함께 담고 있다. 행복한 감정과 비참하거나 고통받던 순간, 지우지 못한 상처, 앞으로 다가올 불안한 미래가 동시에 마주한 셈이다. 그것이 우리의 인생이다.

아이들은 빠르게 그 모든 감정을 흡수한다. 부모가 살아온 삶의 흔적까지 몽땅 느끼기라도 하듯 '오래된 자들'의 감정을 춤으로 표현한다.

무대에 선 춤꾼에게서 다양한 모습을 발견할 수 있다. 그들의 어머니 그리고 그 어머니의 어머니, 한 번도 만난 적 없는 사람들……. 그들의 경험이 모두 숨어 있는 것이다.

이성으로는 이해할 수 없지만 춤추는 몸은 알고 있다. 자, 이제 춤출 시간이다. 자신의 위치에서 자신만의 감정을 분출하며 몸을 흔들어 춤춰라, 아이들아!

지금 그 자리에서 자신만의 몸짓으로 춤추는 이들에게, 피나 바우쉬는 말한다.

"지금 그대로의 모습이 가장 아름답다."

우리를 가르치는 시간

언제 올지 모를 시골버스를 기다릴 때와 사랑하는 사람과 함께 있을 때, 공부할 때와 놀이할 때, 싫어하는 일을 할 때와 좋아하는 일을 할 때, 아이의 하루와 어른의 하루……. 시간은 모두에게 공평하게 흐르지만 각자의 마음에서는 서로 다른 속도로 움직이고 있다. 우리의 시간은 무엇을 하느냐에 따라 심리적으로 다르게 느껴진다. 당신의 시간은 어떤 속도로 움직이는가. 더디게 흐르는가, 속절없이 빠르게 흐르는가. 당신이 느끼는 시간의 속도는 곧 삶을 대하는 태도이다.

되돌리려 말고 배우라

과거는
되돌릴 수 없는 시간이기 때문에
절대적 가치가 있다.

시간을 달리는 소녀를 본 후
The Girl Who Leapt Through Time

소녀 마코토가 시간을 되돌릴 수 있는 능력(타임리프)을 갖게 되었다. 마코토의 일상으로 초대된 손님은 사소한 실수였다. 마코토가 '조금 일찍 일어났더라면 지각도 안 했을 테고, 실습 시간에 실수도 안 했을 테고, 누군가와 부딪히지도 않았을 텐데'라고 생각하자 거짓말처럼 그 일들이 벌어지지 않았던 때로 돌아간 것이다. 마코토는 지나간 실수를 모면했지만 또 다른 문제 앞에 맞닥뜨렸을 때에도 고민 없이 시간을 되돌렸다. 그때마다 같은 결과를 낳거나 혹은 다른 사람이 피해를 입었다. 이때 마코토의 고민을 상담해주는 이모는 타임리프로 인해 앞으로 벌어질 일들을 예견하듯 마코토에게 조언해주었다.

"마코토가 이득을 본 만큼 손해를 본 사람이 있지 않겠니?"

마코토는 그동안 쉽게 생각했던 '시간을 되돌리는 일'을 새롭게 인식하기 시작했다. 마코토는 시간을 되돌리는 일을 반복하면서 자신의 별스럽지 않은 행동이 다른 사람에게 큰 영향을 미칠 수 있다는 사실을 깨달았다.

마코토는 고작 10대 소녀였다. 우리가 아직 삶의 묵직한 사건들을 겪지 않은 나이, 사소하고 별일 아닌 일들이 밤새 고민해도 해결하지 못할 치명적인 나이의 학생이라면 마코토처럼 지각하기 전, 친구들과 불화가 일어나기 전, 누군가에게 고백받기 전으로 시간을 되돌린다면 좋겠다고 생각할 것이다. 그 나이에는 누구나 별게 다 중요하다고 여기니까.

마코토의 시간여행은 작은 실수 하나, 사소한 부끄럼 하나도 잊지 못할 만큼 예민했던, 소녀였을 때의 순수하고 여린 시절의 모습을 떠올리게 한다. 그리고 이제 당신은 밤을 지새우며 '그때로 돌아간다면' 하는 괜한 고민보다 '사소하지만 소중한 기억들'을 간직할 수 있는 것에 감사하기로 한다. 과거는 되돌릴 수 없는 시간이기 때문에 절대적 가치가 있는 것이므로.

나이를 먹는다고 해서 사소한 실수를 하지 않는 것은 아니다. 누구나 언제 어디서나 실수를 한다. 문제는 그것이 전혀 다른 사건을 만들어내는 잠재요소가 될 수 있다는 사실이다.

g
cm
Time waits for no one.
(°Д°)ハァ?

잃어버린 기억 찾기

현재는
불변이라는
잔인한 진실.

나비 효과를 본 후
The Butterfly Effect

"나비의 날갯짓이 지구 반대편에서 태풍을 불러일으킬 수도 있다."

에반은 일곱 살 때부터 몇 번의 단기 기억상실을 경험한다. 결정적인 사건이 벌어질 때마다 에반은 왜 그 일이 벌어졌는지 기억하지 못한다. 이 이야기의 열쇠는 바로 그 잃어버린 기억만큼의 비워진 시공간이다.

7년 동안 기억을 상실한 적이 없던 에반은 침대 밑에 감춰져 있던 일기장을 발견하면서 지난날의 기억을 떠올린다. 여기서부터 시간여행이 시작된다. 그 출발점은 단지 잃어버린 기억을 찾기 위해서였지만, 오래전 헤어진 친구 켈리와 레니를 만나면서 평온한 줄 알았던 일상이 뒤틀린다. 자신의 과거에 대한 궁금증으로 인해 되돌아간 시간 속에서 에반은 다른 사람의 인생을 망가뜨리거나 죽음에 이르게 한다.

한 사람의 생명을 살려놓으면 다른 한 사람의 인생이 망가지고, 다른 한 사람의 인생을 바로잡으면 예상치도 못한 제3자의 인생이 파괴되는 것이다. 에반이 몇 번이나 뒤틀어버린 현재를 바로잡으려고 시간여행을 시도하는 동안 나는 마코토의 경우와 마찬가지로 그것이 그리 유쾌한 일이 아님을 깨달았다. 게다가 〈나비효과〉에서는 한 사람의 행동이 의도했든, 의도하지 않았든 다른 한 사람의 인생을 송두리째 바꿀 수 있다는 무서운 가설까지 증명한다.

'그렇게 하지 않았다면 이 일이 벌어지지 않았을 텐데' 하는 후회가 얼마나 쓸모없는 것인지 나는 절절이 깨달았다. 지나간 시간에 대해 그 나름의 절대성을 인정해야 하는데도 나는 자주 과거에 붙잡혀 헤어나오지 못했다. 그때마다 나는 과거로 돌아가봤자 현재는 불변이라는 잔인한 사실을 스스로 일깨우곤 한다. 그렇다. 인간의 영원한 숙원인 타임머신을 만들어 과거로 간다면 지금 이 현실을 소중히 여기며 살아가는 사람들의 과거가 다 무슨 소용이란 말인가.

Minimum Charge in Booth
$3.00 per person
Please Pay
When Order Is Given

회전하는 시간

삶은
우리가 아무리 발버둥 쳐도
게임이 될 수 없다.

롤라 런을 본 후
Lola Rennt

우리의 탐구는 멈추지 않을 것이며, 그 끝은 처음으로 돌아가 그 시작을 알려줄 것이다.

_T. S. 엘리엇의 〈조금의 경솔함 Little Gidding〉에서

시작과 끝 그리고 끝과 시작이 맞닿아 있다면 우리의 삶은 얼마나 혼란스러워질까. 그저 낯선 이의 시간 게임에 초대하듯 세 번의 동일한 상황이 반복된다. 이 게임의 규칙을 말하자면 이렇다. 20분 내에 남자친구를 살리려면 롤라가 10만 파운드를 구해야 한다는 것이다. 이때 롤라의 20분은 A, B, C라는 세 가지 경우의 수로 볼 수 있다. 마치 옛날의 코미디 프로그램 '인생극장'에서 몇 번이나 동일한 시점으로 돌아가 다시 선택할 수 있는 기회가 생기는 것처럼 롤라에게도 세 번의 기회가 주어진다. 그때마다 조금 일찍 도착하거나 늦게 도착하는 정도의 미세한 차이가 롤라와 그녀의 남자친구 그리고 마주치는 사람들의 인생을 전혀 다른 방향으로 바꾸어 버린다.

롤라는 마코토처럼 쉴 새 없이 달리지만, 그것은 단지 20분이라는 시간을 단축하기 위해서다. 우리에게 똑같이 정해진 20분이 어떻게 행동하느냐에 따라 그 시간이 길거나 짧게 느껴지는 것

은 롤라의 달리기로 알 수 있다. 예를 들어, 지하철역까지 전속력으로 달려가는 사람은 걸어가는 사람보다 좀 더 일찍 지하철역에 도착할 수 있고, 운이 좋으면 걸어가는 사람보다 먼저 지하철을 탈 수 있다. 그렇다면 그 사람은 달리지 않았을 때 지하철역에 도착하는 것보다 시간을 벌 수 있다. 전속력으로 달리던 사람이 계단에서 넘어져 눈앞에서 지하철을 놓친다면 지하철을 놓치지 않았을 때 벌어질 일들이 아예 일어나지 않을 것이다. 이처럼 짧은 찰나에도 달리느냐 그렇지 않느냐에 따라 시간의 간극이 달라지고, 이에 따라 마주치는 사람이나 발생하는 사건 또한 달라진다.

롤라의 마지막 선택은 롤라와 롤라 남자친구를 안전하게 구해준다. 하지만 다음 장면은 당신의 몫이 될지도 모른다. 당신은 이 게임에 참여해 롤라가 된다. 다시 20분 전으로 돌아가 10만 파운드를 구해야 하는 상황에 놓이는 것이다.

한 게임의 끝남은 다른 게임의 시작이다.

_S. 헤버거

하지만 삶은 우리가 아무리 발버둥 쳐도 게임이 될 수 없다. 간발의 차이로 원하는 것을 얻지 못했을 때 매번 처음으로 돌아가서 다른 선택을 할 수 없다. 그렇다면 롤라의 비현실적인 상황이 우리에게 하고자 하는 이야기는 무엇일까. 세계의 역사가 순환적이라는 니체의 영원회귀의 단면을 상징적으로 보여준 것일까.

우리가 이미 겪었던 일이 어느 날 그대로 반복되고 이 반복 또한 무한히 반복된다면 삶이란 얼마나 우스꽝스러울 것인가! 우리에게 중대한 사건이 동일하게 끝없이 반복된다면 그것은 더 이상 중요한 사건이 아닐 것이다. 우리의 삶에는 우리가 이미 겪었던 일이 결코 반복되지 않을 것이고, 그것은 참으로 다행한 일이다. 만약 기막힌 우연이 작용하여 진짜 이미 겪었던 일을 다시 겪게 된다 하더라도 그때의 느낌과 반응은 분명 이전의 것과 다를 것이다. 그것은 시간이 흐르고 있기 때문이다. 시간이 흐른다는 것은 어제의 내가 내일의 나로 흘러가는 것이고, 불행인지 다행인지 제자리걸음을 하는 것 같은 일상 또한 시간이 흐름에 따라 조금씩 변주된다.

현재로의 귀환

시간여행에서
현재로의 귀환이
전제되지 않는다면
그것은 끔찍한 일이다.

백 투 더 퓨처를 본 후
Back To The Future

베르나르 베르베르의《나무》에 수록된 단편소설 〈바캉스〉에는 시간여행이 등장한다. 특별한 경험을 위해 그동안 모은 돈을 털어서 1666년의 파리로 여행을 떠난 남자가 보험을 들지 않았다는 이유로 과거의 시간에서 벗어나지 못할 위험에 처한다. 앞으로 일어날 일을 대비해 보험을 가입하는 지금의 현상을 비웃듯 시간여행조차 보험에 가입해야지 안심하고 떠날 수 있다는 이 설정은 실소를 자아내게 하지만 한편으로 섬뜩하다. 인간이 아무리 과거 혹은 미래로 가길 원하지만 현재로의 귀환이 전제되지 않는다면 어떤 용감한 사람이 시간여행을 떠날 수 있겠는가.

"실수를 했다가는 과거 속에서 오도가도 못하게 되는 수가 있어요. 내가 아는 사람 중에도 그렇게 된 사람들이 있어요. 그들을 찾으러 가려고 몇 차례 시도를 했지만, 딱히 어디에 있는지를 모르기 때문에 뜻을 이룰 수가 없었어요. 시간과 다른 공간 속의 정확한 위치가 확인되지 않은 사람을 찾는다는 것은 그야말로 무모한 일이죠. 템푸스 보험에 가입하시겠어요?"

_베르나르 베르베르의《나무》, 〈바캉스〉에서

고교생 마티 맥플라이와 괴짜 발명가 브라운 박사의 시간여행은 30년 전의 과거여행이다. 브라운 박사가 타임머신을 발명하자마자 마티는 우발적으로 혼자 타임머신에 탑승한다. 과거로 돌아간 마티는 자신의 아버지와 어머니가 만날 기회를 빼앗고, 그 때문에 사진 속의 형이 서서히 지워진다. 다시 현재로 돌아가도 마티의 현재는 전혀 예상하지 못한 형태를 띨 것이다.

마티는 자신이 과거로 들어오지 않았던 시점으로 사건을 돌리기 위해 노력하고, 그 과정을 통해 소심하고 겁 많던 마티의 아버지가 변하기 시작한다. 결국 마티는 자신이 뒤틀어놓은 과거의 일부분을 수정하고 현재로 귀환한다. 그의 시간여행은 새로운 현재를 맞이하는 매개체이다. 하지만 시간여행에 현재로의 귀환이 전제되지 않는다면 그것은 끔찍한 일이다.

한편 다음 이야기에서는 미래로 날아간 브라운 박사와 마티가 위험에 처할 마티의 아들을 구하고 다시 현재로 돌아온다. 그러나 현재는 자신들이 떠나기 전의 모습과 전혀 다른 모습으로 변해 있다. 마티 아버지를 무시하고 위협하던 비프가 타임머신을 타고 과거의 자신을 만나 미래에 어떤 일이 벌어질지 알려주었기 때문이다. 그 결과 현재의 모습이 뒤죽박죽으로 변한 것이다. 변모한 현재에서는 마티의 어머니가 심술쟁이 비프의 아내가 되었고, 아버지는 이미 죽어버린 상태다. 브라운 박사와 마티는 이 뒤엉킨 상황을 바로 잡기 위해 또다시 과거로 떠난다. 하지만 그들이 미래나 과거로 떠날 수 있는 것은 언제든 원할 때 현재로 돌아올 수 있기 때문이다.

우리는 절대 현재의 시간을 벗어날 수 없다. 현재 힘든 일을 겪고 있다면 더 부지런히 움직여 그 현재를 과거로 만들자.

삶을 사랑하기 위한 시간

사랑하는 사람과
함께 늙어갈 수 없다는 것은
얼마나 슬픈 일인가.

벤자민 버튼의 시간은 거꾸로 간다를 본 후
The Curious Case Of Benjamin Button

전쟁 중에 아들을 잃은 시계공이 아들이 살아 돌아오기를 염원한 나머지 거꾸로 가는 시계를 만든다. 시간이 거꾸로 흘러 아들이 전쟁터로 가지 않은 때로 돌아가기를 원한 시계공은 실수를 만회하기 위해 시간을 되돌린 마코토나 고통스러운 현재를 바꾸기 위해 시간을 되돌린 에반과 닮은꼴이다.

지금의 비극이, 회한과 상처가 과거에 일어난 일 때문이라는 것을 잘 알기에 우리는 불가능한 줄 알면서도 과거의 어느 시점으로 돌아가기를 갈망하기도 한다. 그 불가능한 갈망이 우리를 또 상처주고 힘들게 한다는 것을 알면서도 지금 이 시간에도 누군가는 지난 시간을 되돌릴 수만 있다면 무엇이든 하겠노라 다짐하고 있을 것이다.

시계공의 염원은 공교롭게도 엉뚱하게 이뤄진다. 육체가 거꾸로 나이 먹는 벤자민이 태어난 것이다. 80대로 태어나 죽을 때가 되어서야 아기의 몸을 갖게 된 벤자민의 비극은 어쩌면 시간을 되돌리기를 바라는 인간의 그릇된 소원을 응징하는 신의 처사인지도 모른다.

거꾸로 가는 육체의 시간에 갇힌 한 인간의 삶. 늙어버린 외모에서 시작해 젊어지고 어려지기까지 벤자민은 왜곡된 시간을 받아들이려고 발버둥 친다. 하지만 사랑하는 사람과 함께 늙어 갈 수 없다는 것이 얼마나 슬픈 일인가. 시간이 흐른다는 것, 아기가 태어나 아이가 되고 어른이 되어 늙어가는 것, 그 당연한 것들이 얼마나 다행한 일이지 다시 한 번 깨닫는다. 그러므로 우리에게 주어진 정상적인 괴도의 시간은 곧 삶을 사랑하기 위한 시간이다.

나를 변화시키는 시간

지루해 보이는 일상일지라도
어제가 다르고
오늘이 다르고
내일이 다른 소중한 날들이다.

사랑의 블랙홀을 본 후
Groundhog Day

과거로 가거나 혹은 미래로 가는 것과는 다르게 같은 날을 반복해야 한다면, 그 하루는 우리에게 어떤 의미로 다가올까. 그날 하루를 엉망진창으로 만들어버려도 다음 날은 어김없이 같은 날로 돌아온다면 시간을 대하는 우리의 자세는 이전과는 다를 것이다.

이기적이고 시니컬한 기상 캐스터 필은 매년 2월 2일에 열리는 성촉절(경칩 Groundhog Day)을 취재하기 위해 펜실베이니아의 작은 마을 펑수토니로 떠난다. 필은 매년 같은 행사를 취재한다는 사실이 못마땅한 데다 작고 보잘 것 없는 펑수토니가 싫다. 그날 하루 동안 필은 평소처럼 자기 멋대로 행동한다. 그리고 다음 날, 날짜가 여전히 2월 2일이라는 것을 알고 당황한다.

지난날 사랑하던 여인과 행복하게 보냈던 하루가 반복된다면 이토록 비관하지는 않을 것이라고 필은 말한다. 동일한 하루에서 벗어나려고 화를 내기도 하고 상냥해지기도 하고 자살도 해보지만 아무것도 바뀌지 않는다. 왜 하필이면 자신이 그토록 싫어하는 날이 반복되는 걸까. 원망만 하던 필은 그 이유를 찾기 위해 그간 관심 밖이었던 타인의 삶을 세심히 바라본다. 자기 자신만 알던 이기적인 필이 변하는 것은 그때부터다.

주변이 바뀌지 않는다면 자기 자신이 변하면 된다는 당연하지만 그동안 미처 실천하지 못했던 놀라운 깨달음을 얻은 것이다.

그는 함께 온 동료들을 진심으로 챙기고, 사랑하는 사람에게 마음을 열고, 펑수토니를 있는 그대로 받아들인다. 여전히 동일한 2월 2일이지만 그날을 대하는 필의 자세가 변하자 필의 하루도 이전과는 다르게 흐른다. 동일한 날이라도 전혀 다르게 느껴졌기 때문이다.

마침내 2월 3일, 흐르지 않던 시간이 정상 궤도에 돌입한다. 2월 2일이 어제가 되고 그토록 기다리던 2월 3일이 그의 앞에 선 것이다.

막상 일상이 깨어지고 변화의 틈이 꿈틀거리면 두려워할 것이 뻔한데 우리는 일상을 너무 하찮게 여기고 지루하다 생각한다. 하지만 지루해 보이는 일상일지라도 어제가 다르고 오늘이 다르고 내일이 다른, 모두가 소중한 날들이다. 우리는 그것을 기억해야 한다. 필처럼 같은 하루가 무한히 반복되는 치명적인 일을 겪지 않고도 그 사실을 알고 있다면 당신은 분명 매일이 새날 같은 삶을 살 수 있다.